상처받지 않으면서 나를 지키는

교사의 말 기술

상처받지 않으면서 나를 지키는 교사의 말 기술

김성효 **지음**

당당하게 학부모와 마주하기 위한
민원 대응법 36

빅피시
BIG FISH

선을 넘어선 대화, 어떻게 말해야 할까?

언젠가 1학년을 담임했을 때였습니다. 반에 동화책 주인공처럼 귀엽고 사랑스러운 아이가 있었습니다. 문제는 생긴 건 동화책에 나오는 왕자님 같은데, 하는 건 못된 신하 같다는 것이었습니다.

"금쪽아, 선생님이랑 친구들이랑 한 약속을 왜 안 지키니? 학교 끝나면 우리 반 다 같이 쓰레기 다섯 개씩 줍기로 했잖아. 선생님도 줍고, 친구들도 줍는데, 너도 주워야지."

"쓰레기를 왜 주워요? 쓰레기니까 버려야죠."

아이는 키득거렸습니다.

"금쪽아. 선생님이 지금 진지하게 말하잖아."

야단하는데, 등 뒤가 문득 싸늘한 느낌이 들었습니다. 아이의 시선이 어딘가로 향하길래 저도 함께 돌아보았습니다. 교실 입구에서 금쪽이의 어머니가 빤히 보고 있더군요. 언제 왔는지 기척도 없이 교실로 들어오셨더라고요.

"어, 어머니, 언제 오셨어요?"

놀라서 물었습니다. 아이는 그새 쪼르르 달려서 뒷문으로 나가버렸고요.

"선생님, 왜 저희 아이 혼내세요?"

아이 엄마가 대뜸 물었습니다.

"아, 그게 우리 반 친구들이랑 학교 끝나면 다 같이 쓰레기를 다섯 개씩 줍기로 했거든요. 금쪽이 혼자만 쓰레기를 안 줍고 매일 그냥 가서요. 할 수 없이 오늘은 야단을 좀 했어요."

이렇게 말하면 아이 엄마도 당연히 이해할 줄 알았습니다. 하지만 전혀 뜻밖의 말이 튀어나왔습니다.

"그래서요?"

"네?"

순간, 말문이 막혔습니다.

"그게 뭐가 어때서요. 1학년이 뭘 안다고 저희 아이를 혼내시는데요!"

"그게 아니라… 청소는 우리 반이 다 함께 하는 거고, 다른 아이들은 다 줍는데 혼자만 안 해서…."

당황한 나머지 말끝을 얼버무렸습니다. 학부모 얼굴은 이미 벌겋게 달아오른 뒤였습니다. 잠깐의 정적이 흐르고 학부모 입에서는 이런 말이 흘러나왔습니다.

"선생님, 선생님이 무슨 대통령이라도 돼요?"

"네?"

"선생님, 교실에서 꼭 대통령처럼 구시네요. 선생님이 교실에서 대통령이니까, 선생님이 하는 말은 아이들이 무조건 다 따라야 할 거 같죠?"

"아니, 어머니, 그게 아니라…."

갑작스러운 일에 가슴이 미친 듯이 뛰고 심장이 쿵쾅거렸습니다.

"선생님, 선생님이 애를 안 키워봐서 이해를 못 하시는 거 같은데요. 선생님이 대통령은 아니잖아요. 아이들한테 이거 해라, 저거 해라, 하지 마세요. 오늘은 선생님 체면 봐서 이정도로 할게요."

아이 엄마는 정말로 딱 그 말만 남기고 교실을 나갔습니다. 그자리에 그대로 얼음처럼 굳어서 한참을 서 있었습니다. 교직 경력 2년 차 때 일입니다.

집에 와서 한참을 생각했습니다.

'도대체 내가 뭘 잘못했지? 내가 정말로 아이를 안 키워봐서 이해를 못 하는 건가? 쓰레기를 혼자만 안 줍는 아이를 내버려 뒀어야 했나? 그럼 그걸 보는 다른 아이들은 어떻게 지도하지?

내일 그 어머니가 교실로 다시 찾아오는 건 아닐까? 와서 내가
뭐 하고 있는지 또 지켜보면 어쩌지?'

분한 마음이 치솟았다가 가라앉았다가, 무서운 마음이 들었
다가 가라앉았다가를 수백 번은 반복했습니다. 온갖 감정이 폭
풍처럼 밀려들어 며칠 동안은 잠도 잘 못 잤습니다.

학부모의 말이
칼처럼 날아올 때
/

그땐 잘 몰랐지만, 곰곰이 돌아보면 한 가지 깨달음이 밀려옵
니다. 그때 제가 분노했던 대상은 사실은 그 엄마가 아니었습니
다. 저 자신이었지요. 학부모의 말이 마치 칼처럼 날아오는데,
나는 왜 방패 하나 없이 고스란히 맞았을까, 하는 후회, 나는 왜
나를 못 지킨 걸까, 하는 자책감, 선생으로 난 잘하고 있나 하는
자괴감, 그 모든 게 분노와 서글픔으로 뒤섞여서 저를 두고두고
괴롭혔던 것입니다.

이런 학부모를 다시 만난다면 어떻게 할까, 가끔 생각해봅니
다. 교직 경력 27년 차에 접어든 지금의 저와 그 시절의 저는 하
늘과 땅만큼이나 다릅니다. 아마도 지금의 저라면 격앙된 학부
모와 길게 이야기 나누지 않을 겁니다. 설사 얼굴 보면서 이야기
를 나누더라도 제가 마음으로 받아들이지만 않는다면 저에게

그때만큼 깊이 상처를 줄 수 없다는 걸 알기에 상대가 무서워서 떨지도 않겠지요.

"어머니, 지금은 제가 이야기할 준비가 안 돼 있어요. 이 문제는 추후 다시 이야기 나누는 게 좋겠습니다. 제가 지금 교사 회의가 있어서 길게 이야기 못 나누는 점 양해 바랍니다."

이렇게 적당한 이유를 대면서 대화의 기회를 아예 만들지 않거나, "어머니, 다 말씀하시면 그땐 제가 이야기할게요. 우선 하고 싶은 이야기 먼저 해보세요" 하고 대화할 기회를 주더라도 일차적으로 상대의 이야기를 들어준 다음, 제 차례가 왔을 때 논리적으로 정확하게 반박할 겁니다. 물론 이 역시도 상대를 기분 나쁘게 하면서 이야기하진 않을 겁니다. 부드럽지만 할 소리는 다 짚어서 하겠지요.

여기에서 중요한 건 자리를 피하든 조목조목 따지든, 적어도 상대에게 상처받을 걸 뻔히 알면서 상대의 칼 같은 말을 감내하진 않을 거란 부분입니다. 상대가 나에게 칼을 던졌을 때 재빨리 방패를 세우면 내가 입을 피해는 최소화할 수 있습니다. 할 말을 하고 나면 후회가 안 남습니다. 후회는 상처가 되기 쉽고, 상처는 트라우마로 진화하거든요.

왜 그럴까요?

학부모 대응과
학부모 상담은 다르다

/

저는 지난 12년 동안 31권의 책을 썼고, 제주부터 강원까지 국내 곳곳은 물론이고 해외에서도 10개국 넘게 강의했습니다. 수많은 교사와 학부모, 학생들을 만나왔습니다. 그 긴 시간 다양한 사람들을 만나서 고민을 상담하고 조언하면서 깨달은 게 있습니다. '인간은 때론 상상 이상으로 비논리적이다'라는 것입니다.

정말 그렇습니다. 논리적이고 상식적인 사람은 비논리적이고 비상식적인 사람을 만나면 말 그대로 당황합니다. 평소 경험하던 사람들과 전혀 다르기 때문에 우물쭈물하게 되고, 뭐라고 해야 할지 몰라 버벅대게 됩니다. 오래전 저처럼 말이지요.

보통은 '인간이라면 이렇게 할 거야'라는 상식으로 상대를 대하는데, 상대는 '그래서 뭐, 어쩌라고?' 하는 비상식으로 나옵니다. 황당하죠. 그런데 어떤가요. 이 황당하고 어이없는 일들은 우리 주변에서 비일비재로 벌어집니다. 이 이치를 정확하게 모르면 상식적인 사람이 비상식적인 쪽에 상처를 받을 수밖에 없답니다.

이럴 때 교사가 자신을 보호하기 위해 대응하는 것과 평범한 학부모 상담은 차원이 다른 문제입니다. 이 구별을 명확하게 할 수 있어야 하고, 교사는 자신을 지키기 위해서라도 이 양쪽 모두의 상황에서 부드럽고 의연하게 말하는 연습을 해두는 게 좋습니다. 이건 2023년에 대한민국 교육계에서 일어난 일련의 사건들을 보면서 선생님들이 더 묵직하게 느끼신 부분일 거라고 생각합니다.

2023년은 제가 교사가 된 이후 가장 파란만장했던 한 해였습니다. 전국의 교사들이 이렇게까지 한목소리로 무언가를 함께 외쳐본 일이 제 기억엔 그동안 한 번도 없었거든요. 우리들의 뜨거운 눈물과 호소에 과연 대한민국 사회는 앞으로 어떻게 답할까요? 저는 그 대답이 몹시 궁금합니다.

교사는 학부모와 아이를 위해서라면 언제든 마음을 열고 이야기 나눌 수 있어야 합니다. 하지만 상담의 선을 넘어선 대화에서는 선생님도 단호하게 말할 수 있어야 합니다. 이 말 연습은 교감으로서 학교에서 온갖 민원인을 대하는 저에게도 물론 똑같이 해당합니다.

작년에 1학년짜리 손주가 담임에게 혼났다면서 학교에 불을 지르겠다고 쫓아온 할아버지들 세 분이 있었습니다. 솔직히 얼마나 황당했는지 모릅니다. 그분들은 담임을 대신해서 앉아 있는 저에게 온갖 막말을 쏟아냈습니다. 하지만 그분들은 결국 한 시간 만에 몇 번이고 미안하다고 사과하면서 교무실을 나섰습니다. (아, 어떻게 말했냐고요? 책에서 확인하세요. 웃음.)

말은 한두 번 책 읽는 정도로는 달라지지 않습니다. 몇 번이고 입에 붙을 때까지 연습하고 또 연습하는 게 좋습니다. 지금의 저는 말하기 매뉴얼 몇 가지를 마음에 새겨두고 상황에 맞게 카드 꺼내듯이 써먹습니다. 만능 치트키처럼 쓰는 말도 있고, 꽤 괜찮은 방패처럼 즐겨 쓰는 말도 있습니다. 이 책에서도 바로 그 이야기를 해드릴 겁니다.

오늘 하루도 열심히 살아낸
모든 선생님들에게

/

이 책에서는 전편인 《교사의 말 연습》에서 유독 반응이 뜨거웠던 학부모 편을 집중적으로 다루었습니다. 2023년 한 해 국내외를 넘나들며 적게는 열 명부터 많게는 수백 명에 이르기까지, 온라인부터 오프라인까지 많은 교사에게 누구에게도 주눅 들지 않고 당당하게 말하는 방법을 이야기했습니다. 이 책이 강연에서 채 다 하지 못한 이야기들의 질문이자 또 다른 답이 되어주길 기도합니다. 특별히 이 책에서 다룬 사례 역시 모두 실화라는 점을 밝혀둡니다.

혹시나 하는 노파심에 말씀드리지만, 어떤 시대, 어떤 사회에도 좋은 학부모는 있습니다. 저는 고개가 저절로 숙여질 정도로 존경스러운 학부모도 많이 보았습니다. 제 곁엔 저를 응원하고 사랑하고 지지해준 학부모들이 많았기에 그분들께 지금도 가슴 깊이 감사합니다. 교사 김성효를 아끼고 사랑해준 학생들도 얼마나 많았는지 모릅니다. 그 아이들은 제가 지금까지도 교사로 당당하고 자신감 있게 살아가게 해주는 힘의 원천입니다.

선생님 곁에도 아마 그런 학부모나 아이들이 있겠지요. 그들을 보면서 우리가 가야 할 길을 잃지 않길 바랍니다. 선생님 곁에서 함께 걸어주는 다정하고 친절한 이들도 많음을 늘 기억해주셨으면 합니다. 이 책도 선생님 곁에서 그 몫을 톡톡히 해낼 것이고요. 저도 늘 선생님 곁에서 함께 걷고 있답니다.

선생님, 그러니 의연하고 당당해지세요. 오늘 좀 못했어도 괜찮습니다. 내일은 오늘보다 나아질 거니까요. 분명 잘 해내실 겁니다.

대한민국 구석구석 보이지 않는 곳에서 묵묵히 아이들 사랑하는 마음으로 오늘을 열심히 살아낸 교사들을 생각하면 가끔 가슴이 먹먹해지고 눈물이 왈칵 솟습니다. 그들이 없다면 어떻게 지금의 우리가 있을까요. 대한민국 교사들 모두에게 뜨거운 우정과 함께 이 책을 바칩니다. 고맙습니다.

2024년 김성효 씀

1장

~~~

민원으로부터 나를 지키는
최소한의 기술

교사를 구원해줄 카드는 따로 있습니다

선생님, 왜 굳이 기록하라고 강조하시는지 모르겠습니다. 학급에서 특별히 사건 사고가 벌어지지 않았어도 기록을 해야 하나요?

"선생님, 저희 아이가 체육 시간에 다쳤다는데요."

아직도 생생하게 기억합니다. 이게 바로 제 교직 생활을 뿌리째 뒤흔든 문제의 철봉 사건의 시작이었습니다. 아이 엄마에게서 이 말을 듣는데, 가슴이 철렁했습니다. 왜인지는 모르겠지만, 쎄 하고 불길한 느낌이 온몸을 휘감더라고요. 불길한 느낌은 정확히 맞아떨어졌습니다.

첫아이를 임신한 지 3개월이 채 되지 않았을 때였습니다. 6학년을 담임했고, 한 해가 끝나가는 11월 말의 일이었습니다. 반의 여학생 하나가 방과 후에 운동장 철봉에서 떨어지는 사고가 있었습니다. 아이는 수술을 두 번이나 받아야 했고, 병원에 세 달을 입원해야 했습니다. 보기 드문 큰 사고였지요. 상황을 알아보다가 여학생을 민 남학생이 있다는 사실을 알게 됐습니다.

처음에는 민 아이가 있고, 떨어진 아이가 있으니, 부모들끼리 이야기를 잘 나누면 되지 않을까, 생각했습니다. 하지만 학부모들의 합의나 화해는 생각처럼 간단하지 않았습니다. 상황은 점점 악화되다가 급기야 학부모들끼리 쌍방 고소를 하는 지경에 이르렀습니다.

저는 담임으로서 양쪽 부모들 가운데에 끼어서 이루 말할 수 없이 괴로웠습니다. 무엇보다 힘들었던 건 고성이 오가는 학부모의 전화를 매일 같이 받아야 한다는 것이었습니다. 한 번은 민 학생의 아버지가 욕을 하면서 소리를 지르길래, 용기를 냈습니다.

"아버님, 화나신 건 이해하는데요. 제가 아직 임신 초기입니다. 죄송하지만, 목소리를 조금만 낮춰주실…"

아버지는 제 말을 자르면서 이렇게 말했습니다.

"선생님, 잘 들으쇼. 선생님 배 속의 아기 잘못돼도 내 책임 아니요."

전화는 그 말만 남기고 뚝 끊어졌습니다. 뚜뚜 소리만 나는 휴대전화를 들고 한참을 멍하니 있었습니다. 집에 돌아오는 길에 어디선가 물이 후두둑 떨어지더군요. 비가 오나 싶어서 고개를 들어 하늘을 올려다보았는데, 비가 오는 게 아니었습니다. 제가 울고 있었습니다. 하도 넋이 나간 채로 울고 있어서 저는 제가 우는지도 몰랐습니다. 이 일은 두고두고 저를 아프게 했고, 정말로 힘들었습니다. 1년 반 동안 휴직을 했고, 아이들 곁으로 돌아온 뒤에도 이 이야기만 꺼내면 눈물이 흘렀습니다.

그때 공교롭게도 저희 반 학부모 중에 판사인 분이 있었습니다. 하도 힘들어서 여기저기 조언을 구하다가 이분과 어렵게 통화하게 됐습니다.

"이 일에서 담임교사의 법적 책임이 어디까지인지 궁금합니다."

뜻밖에도 그 판사 아버지가 이렇게 말씀하셨습니다.

"선생님, 부모들끼리 쌍방 고소를 하셨다니, 자세한 건 법정에서 따져봐야겠군요. 그런데 이야기를 들으면서 제가 궁금한 게 하나 있습니다. 선생님, 혹시 이 일과 관련해서 기록하신 게 있으신가요?"

사실 저는 주변에 저 같은 일을 겪은 선생님을 본 적도 없고, 들은 적도 없었습니다. 그런 말도 처음 들었습니다. '기록이라니, 웬 기록?' 하는 마음에 되물었습니다.

"네? 무슨 기록이요?"

"선생님, 재판부는 물질적으로 증빙되는 구체적인 자료만 증거로 인정합니다. 교사가 아이들을 안전하게 생활하도록 지도

했다는 명시적이고 구체적인 기록이 있어야 합니다. 정말로 법정 다툼까지 가게 되면, 그땐 그 기록이 선생님을 구원해줄 카드가 될 겁니다. 기록이 없다면 지금이라도 쓰셔야 합니다. 교무수첩이든 학급 경영록이든 어디에든 쓰십시오."

순간 아차, 하는 생각이 들었습니다. 그동안 아이들에게 안전하게 생활하라는 잔소리는 했을지언정 구체적으로 내가 무엇을 어떻게 지도했다는 기록은 남겨두지 않았구나, 처음으로 깨달았습니다.

아마 이 글을 읽는 선생님들 대부분이 기록에 대해 그다지 깊이 생각해보지 않으셨을 겁니다. 저도 그랬으니까요. 저는 워낙 호되게 겪은 터라, 이 일을 겪은 다음엔 학생들이 안전하게 생활하도록 지도했다는 내용을 학급 홈페이지 게시판이나 가정통신문 등에 적기 시작했습니다. 역시 성효 쌤은 꼼꼼하게 기록하셨구나, 오해하실 수 있는데, 복잡하거나 길고 어려운 걸 기록한 게 아닙니다.

예를 들면 이런 것입니다.

오늘 복도에서 뛰다가 넘어진 아이가 있었습니다. 다행히 크게 다치진 않았지만, 복도에서 뛰어다니면 친구들과 부딪치거나 넘어져서 크게 다칠 수도 있습니다. 학교에서 특별히 신경 써서 복도를 안전하게 통행하도록 꾸준히 지도하고 있습니다. 가정에서도 아이들이 안전하게 생활할 수 있도록 관심을 갖고 지도해주세요.

이렇게 메시지나 가정통신문을 보내는 겁니다. 이렇게 하면 구체적인 시각과 지도한 내용이 명백한 기록으로 남습니다. 최악의 경우까지 가더라도 자료로 요긴하게 쓸 수 있습니다. 저는 학급 홈페이지 공지사항에도 안전 지도를 했다는 내용을 틈날 때마다 남기곤 했습니다. 저를 위한 일종의 안전장치라고 생각하면서요.

실제로 어느 지역에서 정서 학대 혐의로 기소된 교사가 무혐의를 받은 사례가 있었습니다. 이 선생님은 학생 5명에게 총 15회에 걸쳐 정서적 학대를 한 혐의로 기소됐습니다. 수업 시간에 떠든 학생을 앞으로 나오라고 해서 다른 학생들에게 이 학생의 잘못을 말해보게 한 점, 집에 5분 일찍 가고 싶다는 학생에게 남아서 청소를 하게 했던 점 등이 문제가 됐습니다.

재판부는 이 일을 아동학대로 볼 수 없다고 판단했습니다. 재판부의 판결 이유를 살펴볼까요?

이 교사와 학부모 사이 대화 내용, 문자 내용 등을 보면 학부모들과 충분히 소통하면서 열성적으로 학생들을 지도한 것으로 보인다. 일부 훈육 행위가 교육적으로 바람직하지 않거나 다소 과도

하다고 해서 고의로 아동을 정서적으로 학대했다고 평가할 수는 없다.[1]

이 선생님이 학부모와 대화했던 내용, 발송한 문자 등을 재판에서 증빙 자료로 썼다는 걸 알 수 있는 부분입니다. 우리가 무슨 지도를 어떻게 하고 있는지에 대한 구체적이고 명시적인 기록을 잘 남겨두어야 하는 이유입니다.

다시 강조하지만, 이건 교사 자신을 위한 최소한의 안전장치라고 생각하시면 좋겠습니다. 저는 철봉 사건 이후로 이런 기록을 남기는 일에 소홀한 적이 없습니다. 지금도 학교에서 민원인을 만나면 사소한 건이라도 모두 기록하고 육하원칙에 근거한 짧은 보고서로 남겨놓습니다.

이런 일은 딱 한 번만 겪어봐도 압니다. 학생들의 안전사고가 얼마나 가슴 떨리고 무서운지, 나를 지켜줄 구원 카드가 왜 기록인지 말입니다. 하지만 직접 겪고 나서야 중요성을 깨닫는다면 그건 너무나 어리석은 일이겠지요. 부디 이 책을 읽는 선생님들께서는 육하원칙에 근거한 기록을 잘 남겨두시길 바랍니다.

육하원칙에 따라 사건 사고 기록하는 법

우리 반에서 있었던 사건이나 사고에 대해 육하원칙을 이용해서 기록으로 만들어보세요. 참고로 학생 진술은 신빙성을 얻기 위해 자필로 받는 게 좋습니다.

나쁜 예

지수랑 지우랑 복도에서 놀다가 싸웠습니다. (어떻게 된 일인지 구체적인 내용이 없다.)

좋은 예

· 언제 : 2024년 3월 16일, 금요일, 5교시 쉬는 시간에
· 어디서 : 3반과 4반 복도 사이에서
· 누가 : 3반 윤지수와 4반 김지우가
· 무슨 일이 있었나 : 복도에서 가볍게 부딪쳤다.
· 왜 일어난 일인가 :
　① 윤지수가 평소에 김지우와 자주 부딪쳤다면서 김지우에게 먼저 화를 내며 욕을 했다.
　② 김지우는 윤지수의 말을 똑같이 따라 하면서 놀렸다.
　③ 이때 윤지수가 무슨 욕을 했는지는 윤지수와 김지우 모두 자세하게 기억하지 못하고 있다.

· **목격자** : 주변에 있었던 학생들은 3반 최민하, 강은우 2명과 4반 박진솔과 최서윤 2명으로 총 4명이 있었다.

· **어떻게 됐나** : 목격한 학생들 4명이 싸움을 말리고 3반 교실로 가서 3반 담임교사에게 사실을 알렸다.

· **어떻게 지도했는가** :

① 윤지수와 김지우 모두 3반 담임교사에게 가서 사실 여부를 확인했다.

② 4반 교사인 본인도 다시는 그런 일이 없도록 하겠다는 다짐을 두 학생에게 구두로 받았고 진술에 각자 서명하도록 하였다.

③ 교감에게도 사실을 보고하였다.

④ 교감은 앞으로 같은 일이 또 벌어지지 않도록 각 반 담임교사들이 주의해서 지도하라고 말하였다.

· **첨부물** : 목격자 4명 진술서 각 1장 및 해당 학생들 구술 내용 확인서 1부.

교사가 자신을
설명해야 하는 이유

"선생님, 학부모들이 선생님을 만나고 싶다는데요."

학부모 대표에게 전화가 걸려왔습니다. 꽃샘추위가 기승을 부리던 3월 어느 날이었습니다.

"전화로 하시라고 하면 안 될까요? 3월이라 지금은 제가 많이 바쁜데요."

"아, 그게… 선생님을 꼭 봐야겠대요. 죄송합니다. 제가 어떻게 할 수가 없네요."

불편한 마음을 꾹 누르면서 말했습니다.

"알겠어요. 그럼 목요일 저녁 7시에 오시라고 하세요."

목요일 오전에 한 번 더 전화가 걸려왔습니다.

"선생님, 학부모님들이 좀 많이 오실 것 같아요."

"얼마나요?"

"음, 거의 다 오실 것 같아요."

마음이 점점 불안해지기 시작했습니다. 전화를 끊고서는 일이 손에 안 잡히고 머리털이 자꾸만 쭈뼛 섰습니다.

불길한 예감은 틀리질 않지요. 그날 모인 학부모는 반 학생 30명 중 26명, 부부가 같이 온 집까지 모두 28명이었습니다. 다들 입을 꾹 다물고 아무 말도 하지 않았습니다. 침묵이 가득한 교실은 한마디로 몹시 살벌했습니다.

"저한테 하실 말씀이 있다고 들었어요. 먼저 말씀하시면 제가 답변드릴게요."

말이 끝나기 무섭게 누군가 손을 번쩍 들었습니다.

"선생님, 저희 아이들의 쉴 권리를 빼앗았죠? 선생님이 무슨 권리로 아이들의 쉴 권리를 빼앗지요?"

격앙된 목소리에 가슴이 쿵쾅거리기 시작했습니다.

"네? 그게 무슨 말씀이신가요? 제가 언제 아이들의 쉴 권리를 빼앗았나요?"

2학년 블록 수업을 2차시 연속으로 하고 뒤에 20분을 몰아서 쉬게 했다가 나온 말이었습니다. 아이들은 자유롭게 화장실을 다녀왔고, 놀고 싶으면 놀고, 활동할 게 있으면 했다고 설명했지만, 이미 분노의 물꼬가 터진 다음이었습니다.

"선생님, 우리 애들 차별했죠?"

"제, 제가요? 제가 어떤 점을 차별했다는 거지요?"

"일기 잘 쓰면 스티커 3개 주고, 숙제 잘하면 스티커 5개 줬잖아요. 그게 차별 아니면 뭔가요?"

"일기는 몇 줄 안 써도 되니까 3개를 줬고, 숙제는 하기 힘드니까 5개를 줬습니다. 누구는 3개 주고 누구는 5개를 줬으면 차별이지만, 이건 차별이 아닌데요."

설명이 끝나자마자 또 누군가가 말했습니다.

"선생님, A4파일에 학습지 펴서 넣으라고 했다면서요. 아이들 손이 얼마나 작은지 아세요? 그 조그만 손으로 학습지를 펴서 넣는 게 얼마나 힘든지 알기나 해요?"

"그것도 제가 일일이 돌아다니면서 학습지 다 펴서 넣어줬어요. 아이들도 요즘은 제 도움 없이도 잘하는데요."

"선생님이 아이들에게 위대한 사람이 되는 비결 50가지인가를 코팅해서 나눠줬죠? 그러는 선생님은 위대한 사람이에요? 본인도 위대하지 않으면서 아이들에게 왜 부담스럽게 그런 걸 나눠줍니까."

"그걸 다 지키라는 게 아니라, 그런 것도 있다고 이야기해준 거예요. 일주일에 하나씩 우리도 한번 실천해보자, 라는 의미에서요. 줄 잘 서기, 친구에게 고맙다고 말하기, 이런 거요. 이건 누구나 다 학교에서 배우는 일입니다."

"…"

모든 해명을 끝난 뒤에 시계를 보니, 11시였습니다. 꼬박 4시간 동안 학부모들 앞에서 해명에 해명을 거듭하느라 얼마나 진땀을 흘렸는지 모릅니다. 그때 재킷 속에 입고 있던 원피스는 땀으로 온통 뒤범벅돼 있었고, 주먹을 얼마나 꼭 쥐었는지 손바닥이 아플 지경이었습니다. 저는 그때 다른 무엇보다 땀으로 흠뻑 젖어서 축축해진 등을 학부모들에게 들키기 싫었습니다.

"들어보니, 제가 천하에 나쁜 선생처럼 들리네요. 저는 그런 나쁜 선생 아닙니다. 하늘을 우러러 부끄럽지 않은 선생으로 살아왔고, 앞으로도 그럴 겁니다. 내일부터 교실을 연중 오픈할게요. 오셔서 직접 보십시오. 그러고도 아니라고 생각하신다면 이 학교를 내년에 나가겠습니다. 1년 후에 이 평가, 반드시 다시 내려주십시오."

말은 대차게 했지만, 집에 와서는 얼마나 많이 울었는지 모릅니다. 새벽이 밝도록 울고 또 울었습니다. 너무 분하고 화가 났는데, 어느 순간 분노가 가라앉으면서 서서히 이런 생각이 들었습니다.

'나는 나를 그들에게 설명했나?'

이 생각이 떠오른 순간, 답을 못하겠더군요. 열심히 한다고는 했지만, 우리 교실이 어떤지, 내가 교사로서 얼마나 수고하고 애

썼는지를 한 번도 제대로 설명할 생각조차 안 했다는 걸 깨달았습니다.

'아, 내가 오만했구나. 내가 이렇게나 애쓰고 노력하면 당연히 학부모가 알아줄 줄 알았는데, 그게 아니었구나.'

이게 그날 눈물을 한 바가지는 쏟으면서 제가 깨달은 것입니다. 전 이 일을 겪고 180도까진 아니어도 179도는 달라졌습니다.

우리 교실을 학부모에게 적극적으로 설명하기 시작했습니다. 학부모가 답을 하든 안 하든 가정에는 매일 한 명씩 무작위로 골라서 칭찬 문자를 보내주었고, 일주일에 한 번은 무작위로 칭찬 전화도 했습니다. 교실을 오픈해서 아무 때고 수업을 볼 수 있도록 했고, 학부모들과 함께 현장 체험학습도 가고, 창체 시간에는 학부모와 함께 공동수업도 했습니다.

그때 교실 뒤편에 앉아서 수업하는 내내 제가 하는 말을 수첩에 모두 받아 적은 학부모도 있습니다. 교사로서 제가 그 시절을 어떤 마음으로 견뎠을지 여러분은 상상도 못 하실 겁니다.

그렇게 1년이 지난 다음, 교장 선생님이 부르셨습니다. 교장실 책상에 우리 반 학부모 전원이 서명한 서류가 놓여 있었습니다. 학급편성 없이 그대로 올라가고, 담임을 바꾸지 않는다는 내용이었습니다. 담임교사를 그렇게나 불신하던 학부모들이 온전하게 달라졌다는 것을 확인한 순간이었습니다. 하지만 전혀, 눈곱만큼도 기쁘지 않았습니다. 그건 정말이지 처절한 경험이었으니까요.

이건 다른 책에 쓴 에피소드지만, 이 책에서도 일부러 소개했습니다. 저한테는 이 일이 학부모를 바라보는 시각을 바꾼 엄청난 사건이었기 때문입니다. 학부모가 단체로 교사에게 반기를 든다는 게 어떤 의미인지 저는 겪어봐서 너무나 잘 압니다. 교사가 자신의 교육적 정당성을 교실 밖의 다른 사람에게 입증하는 건 정말로 험난하고 괴로운 일입니다. 교사가 받는 상처, 억지로 견뎌야 하는 수모는 둘째로 치더라도 말입니다.

이렇게 이야기하면 간혹 불편해하는 교사도 있습니다. 평소에 교사들을 많이 만나고, 자주 상담하기 때문에 이 마음 역시 잘 압니다. 하지만 교사에게 학생을 가르치고 수업할 권리가 있듯이, 학부모에게는 아이의 교육에 관하여 의견을 제시할 수 있는 권리가 있습니다.

제13조(보호자)

① 부모 등 보호자는 보호하는 자녀 또는 아동이 바른 인성을 가지고 건강하게 성장하도록 교육할 권리와 책임을 가진다.

② 부모 등 보호자는 보호하는 자녀 또는 아동의 교육에 관하여 학교에 의견을 제시할 수 있으며, 학교는 그 의견을 존중하여야 한다.

③ 부모 등 보호자는 교원과 학교가 전문적인 판단으로 학생을 교

육·지도할 수 있도록 협조하고 존중하여야 한다. (신설 2023. 9. 27.)

교육기본법 제13조 2항에서는 부모 등 보호자는 보호하는 자녀 또는 아동의 교육에 관하여 학교에 의견을 제시할 수 있으며, 학교는 그 의견을 존중해야 한다고 명시하고 있습니다. 저에게 학부모들이 단체로 찾아와 항의한 것도 어떤 면에서는 법적으로 보호받는 학부모의 권리를 행사한 셈입니다. 방식이 몹시도 거칠었지만 말입니다.

교사는 틈틈이 자신의 교실을 학부모에게 설명하는 게 좋습니다. 나는 이런 철학으로 이렇게 살아가는 교사다, 우리 교실은 어떠하다, 나에게 맡긴 당신의 자녀는 어떻게 지내고 있다, 아이가 수업할 때 힘들어하는 건 이런 거다, 수업 시간에 아이에게 질문하면 이런 반응을 한다, 같은 이야기를 들려주세요.

옛말에 호미로 막을 걸 가래로 막는다는 말이 있습니다. 그날의 일을 생각하면 떠오르는 말입니다. 제가 아주 조금의 친절을 미리 보였더라면 어땠을까요? 분명 또 달랐을 겁니다. 여러분은 이 일을 간접 경험한 걸로 대신하셨으면 합니다.

다른 나라 학교의 민원 대응법

민원을 무시할 수 있는 영국

해외 선진국에서는 민원을 어떤 식으로 대응하고 있을까요? 영국에서는 학교에서 적절한 민원 처리 지침을 갖도록 하되, 특이 민원에 대해서는 무시할 수 있다는 가이드라인을 세워두고 있습니다.[2]

예를 들면 이런 겁니다. 집착적이고 지속적이며 민원 당사자를 괴롭히는 다수의 반복적인 불만 사항, 가치가 없거나 비현실적인 결과에 대한 비합리적인 불만 사항, 가치가 있는 요구이지만 비합리적인 방식으로 요구하는 불만 사항, 방해하거나 괴롭히려는 목적이 다분한 불만 사항 등.

영국에서는 적법하고 적절한 조치를 한 다음에도 계속해서 민원을 제기하면 그 민원은 무시해도 된다고 하고 있습니다. 민원인이 의도적으로 학교를 방해하고 불편을 초래하려 하거나 교직원에게 모욕적이거나 사적인 지적을 하는 경우라면 적절한 조치를 하지 않아도 그 민원을 바로 무시할 수 있습니다.

매뉴얼에 따라 투명하게 대응하는 독일

독일에서는 학부모가 민원을 제기했으나 학교에서 해결이 어려운 경우, 학교가 학교 감독기관과 같은 지역 정부에 제출하게 했습니다. 모든 과정은 매뉴얼에 따라 진행될 뿐 아니라 투명하게 학부모에게 제공됩니다. 설사 학교가 지역 정부에 민원을 제출한다고 해도 학생, 학부모, 교사, 학교 모두 법적 지원을 받을 수 있도록 하고 있습니다.

민원 처리 학교장 책임제 시행

대한민국도 최근 민원 대응에 대한 가이드라인이 생겼습니다. 관련 법률인 초·중등교육법 제20조 제1호와 유아교육법 제21조 제1호를 2023년 9월 27일에 개정함에 따라 학교 또는 유치원의 민원 처리를 학교장이나 원장이 책임지도록 한 것입니다. 이걸 간단하게는 '민원 처리 학교장 책임제'라고도 부릅니다.

민원 처리 학교장 책임제의 핵심은 학교장이 민원 대응의 총괄자로 갈등 해결에 노력하게 했다는 것입니다. 전처럼 교사 혼자서 모든 걸 떠안고 민원을 해결하려 애쓰는 게 아니라 교감, 행정 실장 등 다양한 학교 구성원들이 팀으로 함께 대응하게 했습니다. 교사가 원하지 않는 학부모 전화를 직접 받고 스트레스를 받는 일은 적어도 제도적으로는 사라진 것입니다. 물론 현실적으로는 아직 넘어야 할 산이 많습니다.

교권 보호 4법의 시행

이 밖에도 각 시·도교육청에서는 교사가 민원에서 자유로울 수 있도록 다양한 노력을 하고 있습니다. 제가 근무하는 전북에선 모든 학교의 홈페이지 배너에 민원 상담 예약 코너를 만들었습니다. 민원인이 직접 온라인 상담, 전화 상담, 대면 상담 중 원하는 걸 고르도록 한 다음 민원 내용을 작성해서 게시판에 올리면 담당자가 답변하는 식입니다. 우리 학교도 민원 상담 코너를 통해서 몇 건의 민원이 들어왔지만, 특이 민원이나 악성 민원은 아니었습니다.

교원안심번호 서비스를 제공하여 교사의 개인 연락처가 공개되는 일이 없도록 초·중등교육법 제20조의3을 개정하여 교원의 개인정보를 보호하도록 한 것도 인상적입니다. 이 역시 2023년 9월 27일에 개정되었습니다. 교원지위법 제19조를 2023년 9월 27일에 개정하면서 교육 활동 침해 행위 개념을 명확하게 하고, 침해 행위 유형을 확대하기도 했습니다. 이른바 '교권보호 4법'입니다.

 법률이 개정된 것은 무척 반가운 일이지만, 경험해보니 현실에서는 법보다 사람이 더 가까이에 있었습니다. 혼자 하면 어렵지만, 여럿이 함께하면 든든하고 마음도 편안합니다. 교사가 민원을 직접 대응하진 않더라도 마음을 보탤 수는 있습니다. 동료 교사의 일에 관심을 갖는 것, 학교에서 벌어지는 사안에 무심해지지 않는 것, 학급에서 교사를 힘들게 할 수 있는 여러 사안을 공론화하여 해결책을 함께 찾아가는 것, 학부모 민원인에 대응히는 민원대응팀에게 따뜻한 위로의 말을 건네는 것입니다. 이 모두가 우리가 현실에서 할 수 있는 또 다른 민원 대응입니다.

민원과 상담,
그 차이를 구별하는 법

학부모랑 이야기할 때 어떤 것이 민원이고, 어떤 것이 상담인지
잘 모를 때가 있습니다. 담임교사에게 무언가를 요구하면서도 겉
으로는 그렇지 않은 것처럼 애매하게 말해요. 상담인지, 민원인지
구별하는 기준 같은 게 있을까요?

국어사전에서는 민원을 '주민이 행정기관에 원하는 바를 요
구하는 일'이라고 풀이하고 있습니다. 즉, 원하는 바를 요구하는
것이 민원입니다. 저는 학부모의 이야기를 들었을 때 문제 해결
을 요구하는 경우는 민원으로 봅니다. 반면 조언이나 협력을 바
라면서 교사의 이야기를 귀 기울여 들을 준비가 되어 있다면 상
담으로 봅니다.

전에 어떤 학부모가 이런 전화를 했습니다.

"선생님, 학교 급식에서 반찬이 너무 적습니다. 배식하는 선
생님이 아이가 좋아하는 고기반찬 같은 건 항상 적게 준대요. 다

시 반찬을 받으러 가면 안 된다고 화내듯이 말한다고 하더라고요. 이건 아니잖아요."

이 학부모는 우리 학교 급식에서 두 가지 문제점을 지적했습니다. 첫째는 반찬을 적게 준다는 것, 둘째는 고기반찬처럼 아이들이 좋아하는 반찬을 더 받으러 가면 쉽게 안 준다는 것. 이 경우, 자신이 생각하는 문제에 학교 측의 해결을 요구하고 있다는 걸 알 수 있습니다. 교사 한 사람이 해결할 만한 사안이 아니란 뜻입니다. 이런 경우는 교감에게 사안을 넘기는 게 좋습니다.

저도 학교 측에 해결을 요구하는 사안은 모두 제가 나섰습니다. 학교 급식 문제, 학부모가 학교에서 가방을 분실한 사건, 학폭 사안에서 열 명이 넘는 다수의 학생에게 공개 사과를 요구한 사건, 학교 인근 교통안전 문제, 두 개 이상 학급의 학생들이 얽힌 학교폭력 사건, 학폭으로 인한 학급 교체 요구 등이 그 예입니다. 이 사안 역시 학교 급식에 대한 것이기 때문에 제가 답변했습니다.

교사 : 어머니, 지금 아이들 급식 배식 문제로 두 가지를 말씀하신 것 같네요. 첫째, 반찬이 적다는 것, 둘째, 반찬을 더 달라고 하는데 안 주는 것 같다는 것. 제가 이해한 게 맞나요? (상대의 의견 확인하기)
아이 입장에서는 그 부분이 좀 아쉬웠나 보네요. (상대의 감정

존중해주기) 어머니, 아이들이 좋아하는 반찬은 양이 정해져 있는 경우가 많아요. 예를 들어서 만두는 개수가 정해져 있어요. 교사나 학생이나 똑같이 한 개씩 받아요. 이건 교장 선생님이라 해도 더 먹을 수 없어요. 이 부분 이해하시지요? 그 외에는 반찬을 더 달라는 아이들에게 배식하는 선생님들이 화를 내거나 안 주거나 하는 일은 없었던 걸로 압니다. (부드럽게 선 긋기)

하지만 이렇게 말씀 주셨으니, 저도 새겨듣겠습니다. (상대의 의견이 존중되었음을 말하기) 아이들이 특히 좋아하는 급식 문제인 만큼 앞으로 제가 더 세심하게 살펴보겠습니다. (긍정적인 방안 말하기) 혹시라도 또 의견 있으시면 언제든 다시 전화 주세요. 담임교사가 아닌 교감에게 전화주세요. 부탁드립니다. (교사가 아닌 학교 차원의 대응을 시사하기)

전화를 끊고 나서 영양 교사와 이야기를 나눴습니다. 개수가 정해진 반찬 말고는 배식에 제한이 없다는 것을 한 번 더 확인했습니다. 다시는 오해가 없도록 급식실 안에 누구나 볼 수 있는 큰 글씨로 "밥은 마음껏 먹어요. 반찬은 더 달라고 하세요"라고 써서 붙였고요.

민원은 이런 식으로 학교가 해결에 노력했음을 티가 나게 곧바로 보여주는 것이 좋습니다. 저는 학부모에게 전체 문자를 발

송하거나 학교 홈페이지 공지사항에 안내하거나 제가 학부모
에게 다시 전화해서 한 번 더 통화하는 식으로 온갖 다양한 민원
을 해결해왔습니다.

위 사례처럼 민원은 요구하는 바가 비교적 명확하고, 문제의
해결을 교사나 학교에 요구합니다. 상담은 민원과 성격이 다릅
니다. 민원이 문제 해결에 초점이 있다면 상담은 교사에게 조언
이나 협력을 바랍니다. 우리 아이가 지금 이런 문제로 어려움을
느끼고 있어요, 이 부분을 어떻게 하면 좋을까요, 라는 협조나
협력의 의미를 품고 있습니다.

학부모1 : 선생님, 저희 아이가 수학 학원에서 숙제가 많아
서요. 학교 숙제랑 같이 하려니까 많이 힘들다고 하네요.
작년에는 학교 숙제가 별로 없어서 안 힘들었는데 올해는
학교 숙제가 너무 많은 것 같아요. 숙제 좀 줄여주실 수 있
을까요? ('숙제'라는 문제 해결을 직접적으로 요구하고 있다.)

학부모2 : 선생님, 저희 아이가 수학 학원에서 숙제가 많아
서요. 학교 숙제랑 같이 하려니까 매일 늦게 자네요. 아침
에 자꾸 일어나는 시간이 늦어져서 집에서 잔소리하고 있
어요. 선생님도 이 부분 관심 갖고 지켜봐주시면 좋겠어
요. (교사에게 '관심'이라는 협력을 기대하고 있다.)

두 대화가 비슷해 보이지만, 목적이 다르다는 게 느껴지실 겁니다. 민원과 상담의 차이라고 생각하시면 되겠지요. 만약 구별이 어렵다면 대화를 잠깐 멈추고, 학부모가 무엇을 바라는지 물어보세요. 구체적인 언급 대신 빙빙 돌려서 말하거나, 앞에서 한 말을 또 하고 또 하는 식으로 말이 길어질 경우는 차라리 대놓고 묻는 게 좋습니다.

> **교사** : 어머니, ○○에 대해 말씀하시는 거 같습니다. 제가 이해한 것이 맞나요?

> **교사** : 어머니, 지금 원하시는 게 무엇인가요? 구체적으로 말씀해주시면 해결하는 데에 도움이 될 것 같습니다.

제가 학교에서 학부모와 대화할 때 자주 쓰는 말입니다. 이렇게 물으면 민원인지 상담인지 구별이 명확해지면서 대응의 방향도 분명해집니다. 상담을 요구한다면 교사도 마음을 열고 학부모와 긍정적인 지도 방향을 찾아가면 됩니다. 바람직한 조언을 해줄 수도 있고, 더 나은 교육 방법을 같이 이야기 나눌 수도 있습니다. 아이와 관련한 이야기는 교사와 학부모가 언제든 나눌 수 있어야 하고, 그것이 교사나 학부모, 아이 모두에게 바람직합니다.

그러나 반복적이거나 지속적으로 문제를 제기하면서 해결을 요구하는 경우는 얘기가 다릅니다. 반복적이고 지속적이며 교육 활동에 부당한 간섭으로 느껴지는 민원이라면 교장이나 교감, 주변 동료 교사, 선배 교사 등에게 사실을 바로 알리고 학교 차원에서 여럿이 함께 대응하는 게 좋습니다.

여기서 가장 중요한 것은 어떤 상황에서도 교사 혼자 문제를 다 끌어안지 말라는 것입니다. 굳이 그럴 필요도 없거니와 그러지 않아도 괜찮습니다. 법률과 제도가 개선되고 정비되어 교사를 다양한 측면에서 보호하고 있다는 걸 명심하세요.

알아두면 좋은
교육 이야기

법률로 보호받는 정당한 교육 활동

아마 '교육 활동 보호'라는 말을 선생님께서도 들어보셨을 겁니다. 이른바 '교권 보호 4법'에 관련된 법률이지요. 교원지위법, 초중등교육법, 유아교육법, 기본교육법 네 가지 법률을 개정하여 교원을 보호하고자 한 것입니다.

먼저 아동학대 관련 법률이 개정된 부분입니다.

크게 세 가지로 교원의 정당한 생활지도 면책, 직위 해제 제한, 아동학대 사안에 대한 교육감의 의견 제출 의무화 부분이 법률로 개정됐습니다. 교원의 정당한 생활지도는 아동복지법에 따른 아동학대(신체적 학대, 정서적 학대, 방임 등) 금지 행위로 보지 않는다는 것입니다.

법률이 개정되어 교원이 아동학대 범죄로 신고된 경우, 임용권자는 정당한 사유 없이 직위 해제 처분을 할 수 없습니다. 2024년 3월 28일 교원지위법이 개정되어 교육감은 교원의 정당한 생활지도 행위가 아동학대 범죄로 신고되어 조사나 수사가 진행되면 해당 사안에 대한 의견을 수사기관이나 시·군·구 등 지자체에 제출해야 합니다. 과거에는 아동학대로 신고되면 교사는 직위 해제가 된 상태에서 수사기관에서 조사를 받았습니다. 이와 비교하면 대단히 큰 변화입니다.

악성 민원 관련 법률도 2024년 3월 28일 개정되었습니다.

학교나 유치원의 민원 처리를 학교장이나 원장이 책임지도록 한 학교장 민원 처리 책임제가 실시되었습니다. 또한 교원의 교육 활동을 부당하게 간섭하거나 제한하는 행위, 목적이 정당하지 않은 민원을 반복적으로 제기하는 행위를 교육 활동 침해로 법률에 추가했습니다.

전에는 교사가 개인 전화로 학부모와 통화했습니다. 초중등교육법 제20조의3을 개정한 덕분에 교사는 개인 정보를 보호받을 수 있습니다. 각 시·도교육청에서는 교사들의 개인 번호가 유출되지 않도록 교원 안심번호 서비스를 제공하고 있습니다.

이뿐만이 아닙니다. 학교 내부의 사정도 달라졌습니다. 과거에는 교장감이 학부모의 요구를 일방적으로 들어주면서 교사에게 사과를 강요하며 압박하는 일이 종종 있었습니다. 같은 학교에서 근무하는 교장감이 이렇게 나오면 교사는 기댈 곳이 없습니다. 너무나 외롭고 서글플 수밖에 없습니다. 그동안은 교사들이 이 부분을 하소연할 때마다 답변하기가 참 곤란했습니다.

서울 초등1급정교사 자격연수에서 만났던 한 교사가 이렇게 말했습니다.

"신규 교사 때 저는 잘못한 게 전혀 없었는데, 학부모에게 사과해야 했어요."

"왜 그러셨어요? 선생님이 잘못한 게 없었다면서요."

"교장 선생님이 사과하라고 해서요. 어쩔 수 없이 그냥 했어요."

이제는 교육 활동 침해를 은폐하는 행위라고 볼 수 있는 부분입니다. 교원지위법 제27조가 개정됐기 때문에 이제 교육 활동을 침해하는 행위는 은폐되거나 축소될 수 없습니다. 그랬다가는 징계위원회에서 징계 의결을 요구할 수 있습니다. 마찬가지로 2024년 3월 28일 개정된 부분입니다.

학생 때문에 교육 활동 침해가 일어나면 학생과 교사는 즉시 분리 조치해야 합니다. 분리 조치한 학생은 별도로 교육 방법을 마련해야 하고요. 이 부분은 교원지위법 제20조 제2호의 개정으로 이루어진 것입니다.

그렇다면 교육 활동 침해의 유형과 실제를 살펴보겠습니다.

법률로 교원의 정당한 생활지도는 아동학대로 처벌할 수 없습니다. 교사가 정당하게 생활지도를 했다는 것이 확실하다면, 더 정확하게는 이를 입증할 수 있다면, 아동학대로 처벌되지 않습니다.

물론 그렇게 되려면 절차를 잘 따라야 합니다. 먼저 법령의 위임을 받은 교육부의 고시가 있습니다. 이 고시에서 정하는 범위와 방식을 따라서 학교에선 학생생활규정을 만들어야 합니다. 교사는 이 학생생활규정에 근거해서 생활지도를 한 것이 명시적으로 드러나야 합니다. 학교마다 학생생활규정을 2023년에 개정했을 겁니다. 우리 학교의 학생생활규정에 어떤 내용이 들어 있는지 반드시 확인하는 게 좋습니다. 그래야 교사 스스로가 자신을 보호할 수 있습니다.

가끔 중고등학교 교사들을 강의에서 만날 때가 있는데, 수업 시간에 자는 행위에 대해 골머리를 앓는 분이 많았습니다. 교실 분위기를 흐리느니 차라리 자는 게 낫다, 자는 건 학생으로서 최소한의 예의가 없는 것이다, 자는 거 건드렸다가 왜 우리 아이 기분 나쁘게 했냐고 학부모가 따지면 어떻게 하냐 등 다양한 의견이 있었습니다. 앞으로는 이 부분도 생활지도를 할 수 있습니다. 교실의 면학 분위기를 흐리는 등의 영향이 있기 때문입니다.

수업 중 할 수 있는 생활지도[3]란 어떤 것일까요?

- 교육내용 및 방법에 대한 정당하지 않은 요구에 대한 지도
- 정당한 과제 지시에 따르지 않는 행위에 대한 지도

- 수업에 늦게 들어오거나 무단으로 이동하는 행위에 대한 지도
- 수업 중에 엎드리거나 잠을 자는 행위에 대한 지도
- 해당 수업과 관련 없는 타 교과 공부 또는 개인 과제를 하는 행위에 대한 지도
- 수업 중 교사에 대한 폭언 및 위협적 행위
- 교원에 대한 모욕 행위
- 수업 중 부적절한 행동으로 주의를 분산시켜 원활한 수업에 지장을 주는 행위
- 학습을 위한 모둠 활동에 참여하지 않거나 다른 학생의 학습을 방해하는 행위

생각보다 더 다양하고 촘촘하게 생활지도를 할 수 있다는 것을 알 수 있습니다. 이 역시 교사가 자신이 할 수 있는 생활지도의 범위를 정확하게 알아야 합니다. 그래야 제대로 지도를 할 수 있겠지요.

학부모가 교사의 교육 활동을 몰래 녹음하거나 녹화하는 행위는 어떨까요?

최근 이슈가 되었던 유명 만화가의 사례를 아실 겁니다. 이 경우, 특수교사의 수업을 몰래 녹음했고 이 녹음 자료는 지방법원에서 진행한 1심 재판에서 증거로 쓰였습니다. 이유는 해당 아동이 장애 학생이기 때문이었지요.

이 부분만 보면 장애 학생이나 아주 어린 아동이라면 학부모가 교사의 교육 활동을 몰래 녹음해도 되는 것처럼 보입니다. 하지만 이 경우는 아직 1심 지방법원의 판결일 뿐입니다. 대법원 판례에 따르면 몰래 녹음하거나 녹취하는 등의 행위는 엄격히 금하고 있습니다. 교원의 교육 활동 침해로 형사 처벌의 대상이 되는 행위입니다. 저는 이 부분을 전북교육청에 법률 자문을 받은 다음, 가정통신문에 구체적으로 명시해서 전교생에게 내보냈습니다.

이제는 교사가 상담을 거부할 수도 있습니다.

전에는 학부모가 상담을 요구하면 거의 모두 허용되는 편이었습니다. 하지만 이제는 사전에 합의되지 않은 상담, 직무 범위를 벗어난 상담, 근무 시간 외의 상담 요청, 보호자의 폭언 등이 있을 경우 상담을 거부할 수 있습니다. 과거에 제가 겪었던 것처럼 보호자의 폭언이나 욕설을 굳이 참을 필요가 없어진 겁니다.

무엇보다 중요한 건 이런 내용들을 잘 알아두는 것입니다. 알아야 거부도 할 수 있고, 알아야 요구도 할 수 있습니다. 교사가 학부모보다 적게 알면 학부모에게 안 된다고 말하지 못합니다. 연수도 받고, 책도 읽고 공부도 하셔야겠지요. 스스로를 지킬 수 있는 내면의 힘, 외면의 힘을 열심히 키워가세요. 선생님을 가장 먼저 지킬 1차 보호자는 언제나 선생님 자신입니다.

학교폭력,
말만 들어도 가슴이 철렁해요

아이들 사이에서 학교폭력 문제가 발생했습니다. 제가 사안을 인지했을 때는 이미 피해를 입은 아이들이 여럿이었고, 가해 학생들이 그룹을 만들어서 아이들을 괴롭혀온 상태였습니다. 뒤늦게 사태를 수습해보려 했지만, 학교에 대한 불신만 더 쌓인 것 같았습니다. 어떻게 해야 이런 일에 유연하게 잘 대응할 수 있을까요?

사실 교실에서 벌어지는 온갖 일들 가운데 가장 걱정되는 건 학교폭력 문제와 안전사고입니다. 교사는 안 그래도 아이들 사이에서 언제 무슨 일이 터질지 몰라 긴장되는데, 막상 이런 일이 터지면 어디서부터 무엇을 어떻게 해야 할지 몰라 전전긍긍할 수밖에 없습니다.

먼저 꼭 기억할 것은 교사가 학교폭력 문제를 안일하게 대처한다, 무관심해서 사태를 키웠다, 등의 소리를 학부모에게 들으면 안 된다는 것입니다. 교사의 이런 태도는 그 자체로 또 다른 문제를 불러일으킬 수 있고, 자칫 새로운 갈등의 시작이 될 수 있습니다.

교사가 교실에서 학교폭력 문제가 발생하지 않도록 할 수 있는 최선의 예방책은 피해 학생이 보이는 특유의 징후를 재빨리 알아차리는 것입니다. 〈학교폭력 사안 처리 가이드북〉에서는 피해 학생, 가해 학생이 보이는 징후를 각각 이렇게 설명하고 있습니다.

| 피해 학생의 징후 |

· 지우개나 휴지, 쪽지가 특정 아이를 향한다.
· 특정 아이를 빼고 이를 둘러싼 아이들이 이유를 알 수 없는 웃음을 짓는다.
· 자주 등을 만지고, 가려운 듯 몸을 자주 비튼다.
· 교복이 젖어 있거나 찢겨 있어서 물어보면 별일 아니라고 대답한다.
· 교복 등에 낙서나 욕설이나 비방이 담긴 쪽지가 붙어 있다.
· 평상시와 달리 수업에 집중하지 못하고 불안해 보인다.
· 교과서가 없거나 필기구가 없다.
· 자주 준비물을 챙겨오지 않아서 야단을 맞는다.
· 교과서와 노트, 가방에 낙서가 많다.
· 코피가 나거나 얼굴에 생채기가 나 있어서 물어보면 괜찮다고 한다.

- 종종 무슨 생각에 빠져 있는지 정신이 팔려 있는 듯 보인다.
- 자주 점심을 먹지 않는다.
- 점심을 혼자 먹을 때가 많고, 빨리 먹는다.
- 친구들과 어울리기보다 교무실이나 교과 전담실로 와서 선생님과 어울리려고 한다.
- 자기 교실에 있기보다 이 반, 저 반, 다른 반을 떠돈다.
- 같이 어울리는 친구가 거의 없거나 소수의 학생들 하고만 어울린다.
- 교실보다는 교실 밖에서 시간을 보내려 한다.
- 자주 지각을 한다.
- 친구들과 자주 스파링 연습, 격투기 등을 한다.
- 학교 성적이 급격히 떨어진다.
- 자신의 집과 방향이 다른 노선의 버스를 탄다.
- 이전과 달리 수업에 흥미를 보이지 않는다.
- 무단결석을 한다.
- 작은 일에도 예민하고 신경질적으로 반응한다.
- 불안하고 어두운 표정을 짓는다.
- 무슨 말인가를 하려다가 마는 식으로 하고 싶은 말을 주저한다.

| 가해 학생의 징후 |

· 친구들이 자신에 대해 말하는 걸 두려워한다.
· 교사가 질문할 때 다른 학생의 이름을 대면서 그 학생이 질문에 대답하게 한다.
· 교사의 권위에 도전하는 행동을 종종 한다.
· 자신의 문제 행동에 대해서 이유와 핑계가 많다.
· 성미가 급하고, 충동적이다.
· 화를 잘 내고, 공격적이다.
· 친구에게 받았다면서 비싼 물건을 갖고 다닌다.
· 자기 자신에 대해 과도하게 자존심이 강하다.
· 작은 칼 등 흉기를 갖고 다닌다.
· 등하교 시 책가방을 들어주는 친구나 후배가 있다.
· 손이나 팔 등에 종종 붕대를 감고 다닌다.

피해 학생이 보이는 특유의 조심스럽고 위축된 행동을 감지하면 주변 친구들이나 교과 전담 교사 등과 이야기를 나눠 해당 학생이 정말로 학교폭력의 피해 학생인지 확인하는 것이 필요합니다.

특히 담임교사가 잘 모르는 또 다른 모습이 전담교사의 수업 시간에 드러날 수도 있기 때문에 전담교사가 보아온 학생에 대한 이야기를 자세하게 들어보는 게 좋습니다. 해당 학생의 주변 친구들에게도 피해 사실이 있는지를 들어보아야 합니다. 필요하다면 익명을 보장하고 진술을 받아두는 것도 좋습니다.

담임교사는 사안을 인지하면 업무 담당교사와 교감에게 사실을 알려야 합니다. 사안에 따라서는 해당 학생들이 곧바로 분리 조치될 수 있으므로 아이들이 너무 놀라지 않게 잘 지도해주셔야 합니다. 학교폭력 업무 담당교사에게도 학생들의 평소의 행동 특성이나 사안과 관련된 과거의 이력 등을 설명해주는 게 좋습니다. 설사 학폭 사안이 교실에서 발생했다고 해도 너무 놀라거나 걱정하지 않으셔도 됩니다. 지금의 학교폭력 사안은 처리 과정에서 담임교사의 면담이나 직접적인 학부모 상담 등이 배제돼 있습니다. 구체적인 처리 과정은 뒤에서 다시 살펴보겠습니다.

학교폭력 사안 처리법

그동안 학교에서 업무 희망서를 받아보았습니다. 교사들이 기피하는 업무들이 해마다 일정했는데, 그중 하나가 학교폭력 관련 업무였습니다. 학교에서 사안이 발생하면 학교폭력 업무 담당교사가 사안을 조사하고 보고서를 작성하고 하는 일련의 일들을 도맡아 하기 때문이지요.

2024년부터는 학교폭력 전담조사관이라는 새로운 역할이 학폭 사안 처리 과정에 생겨났습니다. 학교폭력 전담조사관이라는 제도가 과연 얼마나 실효를 거둘지는 지켜봐야 알 것 같습니다.

교사들도 업무 담당자가 아니고서는 학폭 사안 처리 과정을 잘 모르는 경우가 많습니다. 저는 학교와 직접 관련된 정책과 법률, 제도는 알면 알수록 도움이 된다고 생각합니다. 학교폭력 사안 처리 과정도 자세히 알아둬서 나쁠 건 하나도 없습니다. 학폭 사안 처리의 과정을 간단하게 설명하면 다음과 같습니다.

학교폭력 사안 처리 과정

- 담임교사는 학급 내에서 학교폭력 사안이 발생했다는 걸 인지하면 바로 업무 담당자나 교감 등에게 사실을 알려야 합니다.
- 업무 담당자는 사안을 조사해서 보고서로 작성합니다. 담당자가 학교장에게 사안을 보고한 다음 교육지원청에 작성한 보고서를 보냅니다.

- 교육지원청에서는 보고서 내용을 검토한 다음, 사안을 조사하도록 학교폭력 전담조사관을 학교에 배정합니다.
- 학교폭력 전담조사관은 5일 안에 학교를 방문해서 사안을 다시 조사합니다. 관련 학생을 면담하고, 필요하면 학부모도 면담합니다. 목격자에 해당하는 학생이나 담임교사, 업무 담당교사 등 필요하다면 관련 교원까지 함께 면담합니다.
- 학교폭력 전담조사관은 조사한 내용을 보고서로 작성해서 학교와 교육지원청에 제출합니다.
- 학교는 전담기구에서 학교폭력 전담조사관의 조사 결과 보고서를 바탕으로 학교장 자체 해결이 가능한지 판단합니다.
- 이때 경미한 학교폭력 사안은 학교장 자체 해결로 종결합니다. 여기서 경미한 학교폭력이란, 학교폭력이 지속적이지 않고, 재산상 피해가 없거나 있어도 즉각 복구되거나 복구 약속이 있을 경우, 2주 이상의 진단서를 발급받지 않은 경우 등을 말합니다.
- 학교장 자체 해결로 종결된 사안은 보호자에게 알리고, 교육지원청에도 보고합니다.
- 피해 학생이 자체 해결을 원하지 않거나 경미한 요건이 아닌 경우는 학교장 자체 해결이 불가능합니다. 이때는 학교폭력 대책 심의위원회를 열어야 합니다.
- 교육지원청에서는 학교폭력 예방지원센터를 통해서 학교폭력 대책 심의위원회를 열어야 하는데, 교육지원청의 업무 담당자가 조사 결과를 다시 검토하고, 학생들 사이에서 관계 개선에 대한 가능성이 있는지를 살펴봅니다.
- 사안과 관련한 자료를 바탕으로 심의위원회를 엽니다. 개최를 요청한 날로부터 최대 3주 이내에는 심의위원회를 열어야 합니다.

- 심의위원회에서는 피해 학생과 가해 학생에 대한 조치를 결정합니다. 결정된 사항을 학생들에게 통보하고, 해당 학교에는 조치 이행을 요청합니다. 이때의 조치란 학생 교육, 학교 봉사 등을 말합니다.
- 학교는 학교생활기록부에 이 내용을 즉시 기재하고, 조치 사항을 이행합니다.
- 학교는 조치를 이행했다는 결과를 교육지원청에 다시 보고해야 합니다.

이 과정에서 담임교사의 역할은 사실상 없습니다.

담임교사가 양측 학부모를 직접 만나는 등의 불편한 접촉을 하지 않아도 됩니다. 정해진 절차에 따라 학교폭력 사안이 조사되고, 진행되기 때문입니다.

다만, 현실적으로 학교폭력 사안이라고 보기에도 미미한 사안이 학교폭력이라는 이름을 다는 순간, 저 복잡한 과정을 하나도 빠짐없이 거쳐야 합니다. 사안을 처리하는 데에 담임교사의 개입이 없기 때문에 오히려 교육적인 지도나 학생들 사이의 관계 회복 등이 어려워진다는 아쉬움도 있습니다.

학폭 사안을 처리할 때, 가장 중요한 건 학생들이 관계를 회복해서 예전처럼 잘 지내는 겁니다. 그러려면 학교나 교사의 적극적인 지도와 노력이 절실하지만, 지금의 학교폭력 사안 처리 과정은 많은 걸 생각해보게 합니다.

저는 학폭 사안이라고 부를 만한 사안이 발생하면, 제가 직접 학부모를 만나왔습니다. 양측 학생들도 만나서 이야기를 나누고, 학부모들의 이야기도 들어주고, 조언도 하고, 가끔은 긴 하소연도 들어주었습니다. 면담이 끝나면 상담교사와 연계해서 학생들이 개인 상담을 할 수 있게 했고, 교감이 직접 면담해서 업무 담당교사나 담임교사의 심리적 부담을 덜 수 있도록 했습니다.

이 과정이 편치는 않습니다. 하지만 결과적으로 학생이나 학부모, 교사 모두에게 가장 이로운 방식이라는 걸 느꼈습니다. 학교 관리자들이 조금만 더 적극적으로 노력하면 학폭을 처리하는 과정에서 학교의 역할이 조금은 달라질 수 있다고 생각합니다. 개인적으로는 많은 관리자가 이런 일에 뜻을 함께하면 좋겠습니다.

담임교사는 학폭 예방 및 관계 회복에 초점을 두고 꾸준히 지도해야 합니다.
학생들끼리 잦은 다툼이 지속되지 않도록 주의해서 지도하고, 학생들이 사소하게 여기는 신체적 접촉도 놓치지 않고 지도하는 게 좋습니다. 처음부터 주먹으로 때리고 치고받고 하는 게 아니라 소소하고 자잘한 일들이 쌓여서 큰일로 번지기 때문입니다. 특히 학교폭력이라고 부르기엔 살짝 애매해서 사안 조사까지 넘어가진 않았지만 학부모가 불편함을 호소하는 경우라면 각별히 주의해서 대화하는 게 좋습니다.

교사가 직접 관찰하였고, 객관적인 사실에 근거해서 이야기할 수 있는 정확한 정보 외에 불필요한 말은 하지 않아야 합니다. 그러기 위해서는 꼭 해야 할 말만 추려서 메모했다가 딱 그 이야기만 전달하셔야 합니다.

[나쁜 예]

교사 : 이번 일은 사실 수영이가 잘못한 부분이 큽니다. 수영이가 평소에 재욱이를 자주 놀렸거든요. 재욱이가 이런 부분을 싫어하는 걸 알면서도 수영이가 계속 놀렸으니, 수영이가 잘못하긴 했어요. (교사의 판단과 견해를 이야기하고 있다.)

[좋은 예]

교사 : 수영이와 재욱이가 목요일 점심시간에 급식을 먹고 나오다가 급식실 앞에서 다투었습니다. (육하원칙을 바탕으로 설명하기) 수영이가 재욱이를 놀려서 싸움

이 시작되었다고 당시 주변에 있었던 민서, 재하, 수림이 셋이 이야기를 해주었습니다. 이 부분은 아이들 진술이 있기 때문에 궁금하면 보여드릴 수 있습니다.

(객관적 사실과 구체적인 근거만 말하기)

이렇게 하지 않으면 자칫 누구 한 사람의 편을 든다는 둥, 교사가 학부모의 이야기에 공감하지 못한다는 둥 괜한 민원의 소지가 될 수 있습니다. 정확하고 구체적으로 전달할 수 있는 객관적인 사실만 말하고, 교사의 개인적인 견해는 가급적 삼가는 게 좋습니다. 이 부분은 학교에서 벌어지는 어떤 사안에서든 마찬가지입니다.

성 사안이 발생했을 때 기억해야 할 것

6학년을 담임하고 있습니다. 수학여행 때 남학생들끼리 야한 사진을 주고받았습니다. 저보다 학부모가 먼저 사실을 알고 급하게 연락을 해왔습니다. 여학생들이 남학생들 때문에 성적 수치심을 느꼈다고 이야기해서 무척 당황했습니다. 다행히 학부모와도 잘 이야기하고 학생들을 지도하는 식으로 마무리됐지만, 이런 경우 어떻게 대응해야 할지 궁금합니다.

우선 성 사안이 발생하면 기억해야 할 것은 딱 하나입니다.

매뉴얼대로 대응한다.

매뉴얼대로 정확하게 대응하되, 즉시 보고해야 합니다. 매뉴얼을 정확하게 지켰을 때는 그나마 절차를 지켰다는 말이라도 할 수 있지만, 매뉴얼을 지키지 않았을 때 벌어지는 일은 작은 것조차 감당하기 어렵습니다. 게다가 매뉴얼을 지키지 않고, 축소나 은폐를 하려고 한다면 어떻게 될까요? 정말로 생각지도 못한 엄청난 일을 감당해야 할 수 있습니다. 학폭 사안이나 성 사안에서는 매뉴얼을 잘 지키는 것이 최선의 방책입니다.

교육부에서는 성폭력을 이렇게 밝히고 있습니다.

- 폭행이나 협박을 해서 성행위를 강제하거나 유사 성행위, 성기에 이물질을 삽입하는 등의 행위
- 상대방에게 폭행과 협박을 하면서 성적 모멸감을 느끼도록 하는 행위
- 성적인 말과 행동을 함으로써 상대방이 성적 굴욕감과 성적 수치심을 느끼게 하는 행위

학교장을 비롯해 교직원은 학생과 상담 과정, 학교폭력 신고 접수 등 직무상 아동이나 청소년을 대상으로 한 성범죄 사실을 알게 된 때에는 즉시 수사기관(112, 117)에 신고해야 합니다. 이 건 인지 즉시 신고가 원칙이기 때문에 학교 내 사안이 발생하면 가장 먼저 업무 담당자에게 사실을 알리고, 학교 관리자인 교감 등과 상의하여 사안을 신고합니다.

117학교폭력 신고센터에 신고할 때는 신고하려고 전화했음을 명확하게 밝혀야 하며, 피해 학생이 원하든 원치 않든 반드시 신고해야 합니다. 피해 학생 측에 신고를 해야만 하는 당위성을 설명하고, 수사기관에도 피해 학생 측의 의사를 충분히 전달해야 합니다.

말은 어렵지만, 내용은 간단합니다. 아이에게 성적으로 불편

한 마음이 들게 하는 일체의 행위는 모두 성폭력에 해당합니다. 누구도 하면 안 됩니다. 이 사례에서 본 것처럼 야한 동영상을 보거나 야한 사진을 돌려 보는 행위도 상대에게 일종의 성적 수치심, 성적 굴욕감, 성적 모멸감 등을 느끼게 할 수 있으므로 성폭력에 해당합니다.

이 부분을 강조해서 이야기하면 해당 학생의 학부모가 간혹 "아직 어린아이인데, 학교에서 이렇게까지 하셔야 합니까?" 같은 말을 하는 경우가 있습니다. 부모의 심정이야 이해는 하지만, 아이가 어리기 때문에 이해되는 행위가 있고, 아닌 행위가 있습니다.

성 사안은 아이가 어리든 크든 상관없이 이해되지 않는 행위입니다. 인간에겐 성적 자기결정권이라는 권리가 있고, 이 권리에 따라 내 몸을 허락 없이 누군가가 만지거나 보거나 하는 행위가 금지되는 것입니다. 이것은 인간이 가진 천부의 권리이므로 피해자가 원하지 않든 원하든 신고의 의무가 부여되는 것입니다.

다시 말하건대 학교에선 매뉴얼을 잘 지켜서 대응해야 합니다. 이럴 때는 아무리 대상이 어리더라도 성폭력에서는 엄정 대응이 원칙이며, 학교에서는 이 점을 지켜서 사안을 처리할 수밖에 없다고 원칙적인 대답을 하는 것이 최선입니다.

학부모 : 아니, 애가 어려서 호기심이 좀 많아서 그런 사진 볼 수도 있죠. 선생님이 이런 부분 충분히 이해해주실 수 있지 않나요?

(나쁜 예)

교사 : 아, 그게... 마음은 이해하는데···. 어, 그게, 그래도 지금 피해자가 불편해서 어쩔 수가 없네요. (말끝을 흐리면서 불분명하게 말한다.)

(좋은 예)

교사 : 어머니, 이 일로 많이 당황하셨지요? 지금 어떤 말씀을 하고 싶은지 압니다. (학부모의 감정 공감해주기) 그런데 어머니, 학교에선 이런 상황에서 반드시 지켜야 하는 매뉴얼이 있습니다. 저희는 교육자이고, 학교는 교육기관이기 때문에 어린 학생들을 보호해야 하는 책임이 있어요. 이건 법적 책임이라, 저희도 뭐라 해드릴 말씀이 없습니다. (부드럽게 선 긋기) 이 부분 학교에서 엄정 대응하고 원칙적으로 처리할 수밖에 없다는 점 양해 바랍니다. (학교에서 할 수 있는 일과 할 수 없는 일에 대한 한계 말하기)

우선 학교에선 재발 방지를 위해 앞으로 꾸준히 지도할 계획입니다. 야한 사진을 돌려본 학생들은 학생생활규정에 따라 자기 성찰문을 쓰게 하고, 성폭력 예방 교육도 함께 할 계획입니다. 가정에서도 협조 부탁드릴게요. *(앞으로의 지도 과정 설명하기)*

여기까지가 매뉴얼적인 성 사안 처리 방법입니다. 학폭 사안을 처리할 때 아이들 사이에서 잘잘못을 가리기가 모호한 부분이 많다는 걸 선생님들이라면 종종 느끼셨을 겁니다. 성 사안도 명백하게 누가 잘못했다고 말하기에 애매한 경우도 더러 있습니다. 목격한 학생들마저 없는 경우는 처리가 더욱 난감하지요.

지도 학교에서 비슷한 일이 있었을 때 해당 학부모를 불러서 이 부분에 대한 솔직한 안내와 학교 측의 대응 원칙을 차분하게 설명했습니다. 뭐라 딱 꼬집어 잘못했다고 말하기엔 애매한 부분이 있는 사안이었습니다. 긴 이야기 끝에 해당 학부모가 학교 측에 지도를 맡겼고, 교사들이 함께 지도하는 식으로 마무리했습니다.

무엇보다 좋은 건 이런 사안이 안 일어나는 겁니다. 성폭력 예방 교육은 학급 전체 학생을 대상으로 주기적으로 하고, 구체적인 사례를 들어가면서 잊을 만하면 한 번씩 지도를 반복하는 게 좋습니다.

저는 담임을 맡으면 몇 학년이든 상관없이 성교육을 꾸준히 했는데, 약간 적나라하다고 생각할 정도로 교육했습니다. 그 정도로 교육해도 그게 성폭력인지 아닌지를 아이들은 구별을 잘 못합니다. 성기를 만지는 일 아니면 막연하게 성폭력은 아닐 거라고 여기는 정도입니다. 구체적이고 실질적인 사례를 들어가면서 교육하고, 아이들에게 사례와 비슷한 일이 있으면 바로 담임교사나 보건교사에게 알려달라고 하셔야 합니다.

성 사안 보고와 학생 지도법

복도에서 여학생의 치마 속을 들여다본 남학생이 있었습니다. 이 학생을 불러서 물어보니, 우연히 넘어졌을 뿐 치마 속을 들여다보려 한 것은 아니라고 말했습니다. 이때 교사가 해야 할 일은 무엇인가요?

1. 사실 확인
육하원칙에 근거해서 사실을 파악합니다.
- 언제, 어디에서, 누구와 있었던 일인가요?
- 왜 벌어진 일인가요?

2. 사안 보고
업무 담당자와 교감에게 사실을 알립니다. 위에서 육하원칙에 근거해서 파악한 객관적인 사실만 보고합니다.

3. 학생 지도
- 피해를 입은 것으로 추정되는 학생: 개인 상담, 심리치료 등을 지원합니다.
- 가해를 한 것으로 추정되는 학생: 이 일이 다른 친구에게 미치는 영향과 심리적 충격에 대해 설명합니다. 이 과정에서 느

낀 점 등을 자기 성찰문으로 작성하게 합니다. 단, 자기 성찰문을 작성할 때도 임의대로 처리하는 게 아니라 학생생활규정에 근거해야 합니다.

• 나머지 학생들: 성적인 장난이나 희롱 등이 친구들에게 어떤 마음을 갖게 하는지 설명하고, 이에 대해 차분하게 지도합니다.

아이를 위해서
머리를 맞대야 할 관계

교사가 아이를 가르치는 게 아니라 학부모를 상대하는 직업처럼 느껴질 때가 있습니다. 아이의 잘못된 행동을 지도한 것뿐인데, 마치 과잉 진료한 의사가 된 것 같았어요.

전에 반에 욕을 아주 잘하는 아이가 있었습니다. 어찌나 욕을 잘하는지, 아이가 욕을 할 때면 친구들도 저도 깜짝 놀라곤 했습니다. 아무리 지도해도 효과가 잘 나지 않아서 애를 먹던 어느 날이었습니다. 아이의 부모를 만나게 됐습니다. 제 앞에 나란히 앉은 아이의 엄마, 아빠에게 조심스럽게 말했습니다.

"규민이가 욕을 자주 해요. 친구들이 깜짝깜짝 놀랍니다. 이 부분은 가정에서 지도해주셔야 할 것 같아요."

어렵게 꺼낸 말에, 아버지가 순간적으로 "에이, 씨"라고 하더군요. 저에게 한 말이 아닙니다. 무심결에 튀어나온 말이었습니다. 저도 그 순간 아이가 아무렇지 않게 욕을 내뱉던 모습이 아버지의 사나워진 얼굴에 겹쳐졌습니다.

'아, 이건 너의 잘못만은 아니구나. 나는 네 뒤에 가려진 그림자를 보지 못했구나.'

저는 이 말을 속으로 몇 번이고 되뇌었습니다. 정말로 많은 생각이 스쳐가더군요. 아이는 그 뒤로도 이런저런 방법을 써봤지만, 선생님 앞에서는 잠깐 조심했다가도 뒤돌아서면 욕이 다시 튀어나오곤 했습니다. 지도가 참 어려웠습니다.

교사 혼자 애써서 아이의 습관을 고치기란 상당히 어렵습니다. 저도 지금이야 습관이 형성되는 원리를 이해하고 어떻게 교정해야 하는지도 알지만, 그때만 해도 한번 습관으로 굳어진 행동을 교정하기가 얼마나 어려운지 잘 몰랐습니다. 학부모의 협력이 필요하다는 것도 인정하기 어려웠고요.

습관은 스위치가 눌리면 불이 켜지듯이 어느 순간 촉발됩니다. 스마트폰을 보면 게임을 하고 싶다든가, 특정 친구를 보면 놀리고 싶다든가 하는 식입니다. 평소에 행동이 촉발되는 스위치가 눌리지 않도록 주의해야 하고, 스위치가 눌리더라도 대체할 만한 다른 행동을 찾아서 바꿔줘야 합니다.

교실에서의 문제 행동은 습관으로 배어 있는 경우가 많습니다. 욕이든 주먹이든 아이가 의식하지 않는 새에 튀어나옵니다. 이런 경우, 다른 행동으로 대체해주는 것이 가장 효과적입니다.

욕을 자주 하는 아이라면 욕을 대신할 수 있는 말을 찾아보게 하거나 주먹을 자주 쓰는 아이라면 주먹을 쓰는 대신 교사에게 와서 말하기 같은 식으로 대체할 행동을 찾는 겁니다.

습관과 관련이 있는 문제 행동은 스위치처럼 촉발되기 때문에 반드시 학부모와 함께 협력해서 지도해야 합니다. 문제 행동이 교정되지 않으면 또 다른 문제를 교실에 불러옵니다. 교사가 아이의 문제 행동을 여러 번 인지했다면 이에 대해 관찰한 내용을 기록으로 남겨뒀다가 학부모에게 정확하게 안내해야 하고, 지도 방법과 방향을 학부모와 공유해야 합니다.

나쁜 예

교사: 어머니, 욕을 하는 부분은 집에서 지도해주세요. (구체적으로 어떻게 지도해주길 바라는 것인지 이야기하지 않고 있다.)

좋은 예

교사: 어머니, 규민이가 친구들과 놀다가 가끔 욕을 해요. 어제도 점심시간에 공기놀이를 하다가 욕을 했습니다. 구체적으로 말씀드리면 씨○이라고 했어요. 친구들이 저한테 말하는 걸 듣고는 규민이가 얼굴이 새빨개지더라고요. 잘못된 행동이라는 걸 알면서도 입에서 튀어나온다는 뜻이에요. (문제가 되는 행동이 무엇인지 구체적으로 언급하고 있다.)

요즘 규민이랑 욕을 다른 말로 대체할 수 있는 연습을 해보고 있어요. 예를 들면 씨○ 대신 할 수 있는 말을 찾아보게 하는 거예요. 대신 쓸 수 있는 말을 물었더니, 규민이가 "아이참"이라고 말하더라고요. 그렇게 하나씩 바꿔보고 있어요. (교사의 지도 방법 설명하기)

아직 익숙하진 않지만, 노력하는 모습이 보여서 긍정적으로 생각하고 있습니다. 가정에서 협력해서 함께 지도해주시면 효과를 더 빨리 볼 수 있을 것 같아요. (학부모에게 협력을 바라는 부분 말하기)

교사는 교실에서 문제 있는 아이를 보면 가장 먼저 어떻게 지도할까, 생각합니다. 어떤 방법이 좋을까, 어떻게 해야 효과적일까, 어떻게 말할까, 다양한 걸 고민하지요. 하지만 아이 뒤에 숨은 그림자의 무게와 농도는 우리가 생각하는 것보다 훨씬 깊고 진합니다. 이 그림자들을 주의 깊게 고려하지 않으면 교사가 아무리 애쓰고 열심히 해도 효과가 잘 나타나지 않습니다.

이 부분은 학부모와 교사가 아이를 위해 협력할 수밖에 없는 존재라는 반증이기도 합니다. 얼굴을 보는 것만으로도 가끔은 불편하고 껄끄러울 수 있는 관계, 그런데도 아이를 위해서라면 머리를 맞대고 좋은 방법을 찾아야만 하는 특수한 관계라는 증거 말입니다.

교사가 하는 일은 직접적으로는 학생을 가르치는 것이지만, 간접적으로는 학생의 보호자인 학부모를 대하는 일이기도 합니다. 보이지 않지만, 이 아이들 뒤에 수많은 학부모가 함께하고 있다고 마음먹는 게 좋습니다. 부모든 교사든 가끔은 억울하고, 때론 화가 나도 결국 같은 방향을 보고 나란히 걸어야만 하는 것입니다. 아이를 위해서요.

문제 행동을 학부모에게 전하는 법

1. 아이의 행동에서 눈에 띄는 잘못된 부분은 무엇인가요?

- 친구들에게 욕을 한다.

- 친구들에게 놀리는 말을 한다.

- 친구 말을 종종 따라 한다.

- _____

- _____

2. 아이의 행동을 어떤 식으로 교정할 수 있을까요?

- 욕을 하는 아이

→ 아이가 자주 하는 욕을 다른 말로 대체하는 연습을 한다.

- 친구를 놀리는 아이

→ 역할놀이로 서로 입장을 바꿔서 말해보게 한다.

- _____

→ _____

- _____

→ _____

3. 학부모에게 어떻게 말하면 좋을까요?

• 욕을 하는 아이

→ 문제 상황 설명하기

→ 구체적인 예를 들어 말하기

→ 교사의 지도 방법 설명하기

→ 학부모에게 기대하는 것 말하기

• 친구를 놀리는 아이

→ _____

→ _____

→ _____

→ _____

2장

~~~

당당하게
학부모와 마주하는 법

어떤 상황에도 통하는
3단계 말하기 매뉴얼

"교감 선생님은 안 떨리세요?"

제가 민원인을 대응하는 걸 직접 본 선생님들이 자주 묻는 질문입니다. 왜 안 떨릴까요. 떨립니다. 손이 차가워지고, 가슴이 뛰고 자리를 피하고 싶어집니다. 저에게는 학부모 민원인과 대면하거나 통화하기 전에 일부러 마음속으로 몇 번이고 다짐하는 원칙이 있습니다.

교사들을 위한 우산이 되어주자.

반응 대신 말하기 매뉴얼대로 대응한다.

저는 이걸 몇 번이고 마음속으로 되뇐 다음 학부모를 만납니다. 이 말하기 매뉴얼은 그동안 다양한 학부모들을 교사로서, 또 교감으로서 겪으면서 나름대로 정리한 것입니다.

| 성효 쌤의 민원 대응 매뉴얼 |

1단계: 듣기
· 조건 없이 들어주기
· 상대의 감정 존중하기
· 상대가 원하는 것 확인하기

2단계: 하기
· 해줄 수 있는 일은 곧바로 실행하기
· 아닌 일에는 부드럽게 선 긋기

3단계: 마무리
· 교육적인 방법 제안하기
· 사과받기

저는 이 말하기 단계대로 민원을 해결해왔습니다. 학교에 불을 지르겠다, 학교에서 현금을 배상해라, 변호사를 대동하고 쫓아오겠다, 담임교사를 불러다가 당장 혼내라, 급식이 더러우니 당장 세균 검사를 하라는 등 온갖 다양한 민원을 말입니다. 이 책을 읽는 선생님들에게도 분명히 도움이 되실 겁니다.

먼저 저는 어떤 사람, 어떤 사안이든 일단은 아무 조건 없이 그냥 들어줍니다. 상대가 누구여도 그렇습니다. 동료 교사여도 그렇고, 학부모여도 그렇고, 학생이어도 그렇습니다. 어떤 민원인이라 해도 이 원칙은 변함이 없습니다. 설사 학교에 불을 지르겠다고 소리 지르는 민원인이라 해도 그랬습니다. 일단은 들어줬습니다. 그냥 들어주는 것만으로도 많은 부분이 해소되기 때문입니다.

일본의 한 연구에서 초·중·고등학교 교사들의 학부모 민원 대응 약 600건을 분석하였습니다.[4] 교사가 학부모 의견을 주의 깊게 듣는 등 경청의 태도를 보였을 때는 민원 해결률이 69%였습니다. 교사의 태도가 반론하거나, 거부, 의뢰, 요청일 때는 44%로 민원 해결률이 떨어졌습니다. 이 연구만 봐도 잘 들어주는 것이 얼마나 중요한지 이해하시겠지요.

물론 저도 사람인지라, 가끔 너무 떨리거나 긴장돼서 제대로 들을 준비가 안 될 때도 있습니다. 그럴 때는 "제가 아직 들을 준비가 안 됐습니다. 잠시만 기다려주세요"라고 말하고, 나가서 심호흡을 여러 번 한 다음 다시 들어가 앉습니다.

실제로 극도의 스트레스 상황에서 심호흡은 큰 도움이 됩니다. 스트레스 상황이 되면 몸에선 에피네프린과 노르에피네프린이란 호르몬이 순간적으로 분비됩니다. 이 호르몬들이 심장박동을 늘리고, 혈압과 혈당치도 올립니다. 화를 내면 이 호르몬이 증가하게 됩니다.

신기한 건 이 두 호르몬은 분비된 후 순식간에 분해되어 10~20초 사이에 원래 수준으로 돌아간다고 합니다.[5] 정말로 딱 심호흡 세 번 할 정도의 시간입니다. 상대가 화를 내도 곧장 맞받아칠 게 아니라, 세 번만 심호흡하면 호르몬이 줄어들면서 화가 안 나게 됩니다. 옛말에 참을 인자 세 번이면 살인도 면한다는 말이 있습니다. 옛말이 그냥 나온 말이 아닌 것입니다.

저는 이 단계에서는 참을 인자를 보이지 않는 허공에 정성 들여서 쓴다는 마음으로 상대가 한 말을 하고 또 해도 온 마음을 다해 들어줍니다. 맞장구도 치고 고개도 끄덕이고, 중간중간 질문도 하면서요. 잘 들어주고 공감하는 모습을 보이면 그 자체만으로도 많은 부분이 확실히 해소됐습니다. 들은 내용은 민원인이 보는 데서 육하원칙으로 기록해둡니다.

이렇게 주의 깊게 들으면 유익한 점이 하나 더 있습니다. 주의 깊게 듣다 보면 이성적으로 상대가 하는 말의 핵심이 무엇인지 자연스럽게 분석하게 됩니다. 자동반사적인 감정 반응을 하는 게 아니라 이성적으로 분석하면서 상대가 하고 싶은 말이 무엇인지 따져보게 되는 대응을 하게 된다는 것입니다. 짐작하시겠지만, 결과적으로도 반응과 대응은 하늘과 땅만큼이나 다릅니다.

이렇게 주의 깊게 듣는 이유는 두 번째 단계로 대화가 이어지기 때문입니다. 상대가 요구하는 게 무엇인지 헷갈리거나 무슨 일을 해줘야 할지 감을 못 잡으면 대화의 신뢰는 확연히 떨어집니다. 상대의 말을 주의 깊게 잘 듣고, 해줄 수 있는 것과 없는 것을 재빨리 판단해야 합니다.

저는 현실적으로 학교에서 해줄 수 있는 건 과감하게 곧바로 조치했습니다. 때로는 말이 끝나자마자 조치해야 사안이 해결되는 경우가 있습니다. 이걸 회피하는 식으로 어물쩍 답하거나 대충 얼버무리는 건 교사나 학교에 아무 도움이 안 됩니다. 요구를 들어줄 수 있다고 판단되면 곧바로 시정하거나 지도하는 등의 조치를 하는 게 좋습니다.

반대로 원칙적으로 들어줄 수 없는 건 양보하지 않는 게 좋습니다. 이때는 법적, 제도적인 확인이 반드시 필요합니다. 전에 학부모 한 분이 학교에서 가방을 분실했다면서 현금 20만 원으로 배상해달라고 요구한 건이 있었습니다. 현금 보상은 어렵다고 했더니, 점점 목소리를 높이면서 화를 냈습니다.

학부모 : 학교가 이런 식으로 나와도 돼요? 우리는 피해자라구요!

학부모에게 다시 말했습니다.

교사 : 학교에선 경찰 조사에 성실히 협조하고, 조사도 받겠습니다. 하지만 제도적으로 현금 보상은 어렵습니다.

이렇게 원칙적으로 안 되는 건 안 되는 것이어야 합니다. 이걸 누구는 되고, 누구는 안 된다고 하면 이야기가 더 복잡해집니다. 이 사안은 현금 보상 대신 잃어버린 가방을 되찾아주는 걸로 끝냈습니다.

참고로 교사가 핸드폰을 학생생활 규정에 따라 수거해서 보관하다가 파손이나 분실하면 학교안전공제회에서 보상해줍니다. 단, 학교 규칙에 의하지 않고 교사 개인이 임의로 판단하여 보관한 경우, 휴대폰 등의 보관 장소에 시건 장치 등 보관 상태가 불량한 경우, 휴대폰 등의 수거 및 반환 시 담당교사 임장 하에 직접 실시하지 않은 경우, 기타 관리자의 주의 의무를 위반한 것이 명백한 경우, 분실된 휴대폰 등에 대하여 학교에서 자체 조사(필요한 경우 경찰서 신고) 등 최선을 다하지 않은 경우에는 보상하지 않습니다.[6]

학교에서 일어나는 분실은 이런 예외적인 경우 말고는 분실자에게 책임이 있습니다. 법적, 제도적으로 불가하다는 사실을 미리 여러 번 확실하게 확인한 다음 민원인을 만났기 때문에 이 부분을 양보하지 않았던 겁니다.

아닌 일에는 아니라고 부드럽게 선을 긋는 건 교사가 갖춰야 하는 기본적인 말하기 자세입니다. 학급에서도 학생이 자유롭게 생활하고 싶어 한다고 해서 교사가 아무 행동이고 다 용인하면 어떻게 될까요? 학생들은 자유만 있고 책임은 지지 않으려 합니다. 학부모도 똑같습니다. 안 되는 건 안 되는 것이어야 하고, 원칙은 원칙으로 지켜가야 합니다.

학부모와 대화할 때 반드시 기억해야 할 두 가지

학부모와 말하기 매뉴얼을 지켜서 말할 때, 기억해야 할 게 두 가지 더 있습니다.

첫째, 모든 설명은 최대한 쉽고 짧게 하세요. 저는 민원인과 이야기할 때 복잡하고 어려운 미사여구 등은 전혀 쓰지 않습니다. 상대가 조금이라도 제 말을 못 알아듣는 순간, 같은 말을 하고 또 해야 하는 길고 지난한 과정이 시작된다는 걸 잘 알기 때문입니다.

학생들과 수업할 때도 잘 가르치는 교사일수록 쉽게 설명합니다. 어려운 걸 쉽게 가르치는 게 진짜 실력 있는 교사이고, 쉬운 걸 어렵게 가르치는 교사야말로 부족한 교사입니다. 이 원리는 민원이든 상담이든 대화든 똑같습니다. 모든 말은 쉽고, 간결하게 하는 게 좋습니다.

> **나쁜 예**
>
> **교사** : 그러니까 지수가 수민이랑 싸워가지고 속상해서 학교에 오셔서 말하고 싶었는데, 오늘 마침 시간이 돼서 오신 거라고요? (문장이 길어서 전달하고자 하는 내용이 무엇인지 불분명하다.)

> **좋은 예**
>
> **교사** : 아, 지수랑 수민이랑 싸웠군요. 그게 속상해서 학교에 오신 거고요. 어머님이 오늘 마침 시간이 났다는 거네요.

이런 말하기가 낫습니다. 내용은 같아도 문장이 짧아서 듣는 사람은 훨씬 쉽게 이해됩니다. 민원인과는 이런 식으로 말하는 게 좋습니다.

특히 감정적으로 상대방과 같이 흥분하고 화를 내시면 안 됩니다. 저도 민원을 처리하는 과정에서 너무 어이없고 화가 나서 똑같이 화를 낸 적이 몇 번 있습니다. 그런데 참 희한하게도 화를 내면서 흥분하는 순간부터 제가 만든 말하기 매뉴얼조차 기억이 안 났습니다.

뇌과학자들은 이걸 감정을 담당하는 뇌인 편도체가 마비되면서 학습 능력도 함께 떨어진다고 설명합니다. 굳이 편도체까지 들먹이지 않더라도 잘 아실 겁니다. 화가 나거나 슬프거나 극심한 감정 변화를 겪을 때는 머리가 평소처럼 잘 안 돌아갑니다. 이럴 땐 학습 능력은 물론이고 기억력도 떨어집니다. 자신이 방금 무슨 말을 했는지도 잊어버리기 쉽습니다.

화를 내면 낼수록 오히려 상대의 말에 말리면서 버벅대고 당황하기 쉽다는 걸 늘 기억하셔야 합니다. 저는 이걸 몇 번 경험한 다음부터는 상대가 화를 낼수록 마음을 차분하게 가라앉힙니다. 교감이 된 다음엔 지금 나는 교사들을 위한 우산이 되기 위해 이 자리에 있다, 그러니 나는 나의 최선을 다한다, 이런 마음으로 차분하게 대응하자고 몇 번이고 마음을 다잡습니다.

한번 말해서 상대를 설득할 수 있으면야 더할 나위 없이 좋겠지만, 학교에 와서 큰 소리 내는 학부모일수록 말 몇 마디로는 설득이 안 됩니다. 말이 길어져도 당황하지 마세요. 매뉴얼대로 몇 번이고 같은 말을 반복하면 됩니다.

제가 《교사의 말 연습》에서 소개했던 금쪽이네 이야기를 기억하시나요? 저는 저에게 반말하고 쌍욕을 한 금쪽이 엄마를 마주했을 때, 복잡하게 빙빙 돌려서 말하지 않았습니다. 정확하게 해야 할 이야기만 했습니다. 당황해서 이 소리 저 소리 하다가 말실수하는 것보다는 떨리고 당황할수록 꼭 해야 할 말만 추려서 간결하게 하는 쪽이 훨씬 낫습니다.

학부모 : 선생님이 먼저 우리 애를 열 받게 했으니까, 우리 애가 화를 낸 거잖아요!

교사 : 어머니, 이렇게 갑자기 학교로 오시라고 해서 당황하셨지요? 저도 많이 놀라고 당황했어요. (상대에게 공감해주기) 어머니도 아이가 훌륭한 어른으로 자라길 바라시잖아요. 저도 그래요. 저도 교사잖아요. 아이가 좋은 어른으로 잘 자라길 바랍니다. (상대의 감정 존중하기) 하지만 어머니도 아실 거예요. 열 살 짜리 아이가 선생한테 반말로 소리 지르면서 욕하는 행동은 누가 봐도 옳지 않아요. (아닌 행동에 부드럽게 선 긋기) 이 부분 사과하시고, 함께 교육적으로 지도하면 됩니다. 잘못한 행동에 사과하는 것도 이번에 함께 배우는 거예요. 사과하세요. (원하는 것 말하기)

학부모 : 그러니까, 선생님이 우리 애를 처음부터 화나게 하지 말았어야죠!

교사 : 어머니, 갑자기 학교로 오셔서 당황하신 것, 저도 잘 압니다. 저도 많이 떨리고 놀랐어요. 하지만 아이가 어른에게 그것도 선생에게 반말하고 쌍욕하는 건 옳지 않잖아요. 이 부분 어떻게 생각하시나요? 이건 제가 아닌 대한민국 누구에게 물어봐도 똑같이 말할 겁니다. 이 부분 사과하

시지요. (핵심만 부드럽게 반복하기)

학부모 : …선생님, 선생님 말도 맞긴 한데, 그래도….

교사 : 어머니, 학교로 갑자기 오시고, 아이 때문에 좋지 않은 일로 이렇게 뵙게 된 것, 다 놀라고 당황하셨겠지요. 다시 이야기하지만, 어른에게 그것도 교사에게 쌍욕 하고 반말하는 건 옳지 않습니다. 제가 아니라 다른 누가 봐도 그렇다는 것 잘 아시지요? (고개를 끄덕였다.) 네, 금쪽이가 이 부분 잘못했다고 사과하고, 어머니도 사과하시면 저도 용서할게요. 더 이상 이걸로 문제 삼지도 않을 거고요.

학부모 : 선생님, 죄송합니다. 제가 생각이 짧았습니다. ○○이 너도 사과해.

저는 같은 말을 똑같이 세 번 반복한 다음 학부모에게 사과를 받았습니다. 이때 하고 싶은 말이야 머릿속으로 수백 가지가 스쳐갔지만, 정작 너무 떨리고 당황하다 보니, 그런 말은 잘 생각나지도 않았습니다.

이 일을 돌아보면 이런 생각이 듭니다. '금쪽이 엄마는 금쪽이가 잘못한 걸 몰라서 편드는 말을 했을까?' 하고요. 아니었을 겁니다. 교육적으로 관심이 많은 분이 그럴 리 없습니다. 그런데도 그러셨지요. 그게 부모 마음인 겁니다.

이 대화에서 금쪽이 엄마가 그날 하고 싶었던 말은 결국 따로 있었다는 게 느껴지시나요? 저는 이 일을 돌아보면 금쪽이 엄마는 사실은 우리 애가 사과하면 없던 일로 하고 용서해달라는 말을 다른 식으로 하셨다는 생각이 듭니다. 아마도 바로 그 부분을 제가 언급했기 때문에 사과하셨을 거고요.

마지막으로 꼭 기억해야 할 것은 때로는 교사가 진짜로 잘못하는 경우도 있다는 것입니다. 교사의 잘못이 명백할 경우는 잘못을 깔끔하게 인정하는 게 낫습니다. 명백하게 잘못한 사안에서조차 잘못을 인정하지 않으려 한다면 오히려 상황이 더 복잡해지고 해결이 어려워집니다.

예를 들어서 학교에서 벌어진 안전사고나 건강, 신체적 피해 등에 대한 연락은 교사가 반드시 해야 합니다. 학교와 교사에게는 생활지도, 학습지도 등에 대한 법률적 책임이 있기 때문입니다. 그런데도 교사는 아무 책임이 없는 것처럼 말하면 막 불이 붙은 문제에 기름을 붓는 꼴이 돼버립니다.

어떤 선생님은 학부모에게 절대 사과하면 안 된다고 이야기하기도 합니다만, 제 생각은 조금 다릅니다. 법률적 책임이 있는 문제라면 결국 법정으로 갈 수밖에 없습니다. 안타깝지만 교사가 법적 책임을 져야 하는 상황이 올 수도 있습니다.

영리하게 판단해서 교사의 잘못이 확실하다면 깔끔하게 사과하는 게 좋습니다. 학부모가 잘못했을 때는 제대로 사과하기를 기대하면서 교사는 명백히 잘못한 일에서조차 사과하지 않는다면 그것 역시 말이 안 된다고 생각합니다.

이때 "죄송합니다" 같은 사과의 표현이 불편하다면, "안타깝지만…" 또는 "유감스럽습니다" 같은 다른 표현도 있습니다. 교사는 다른 식으로 표현했지만, 내용은 같은 것이기에 듣는 학부모는 사과의 뜻으로 듣습니다.

이것도 여러 번 연습해야 입에서 튀어나옵니다. 저는 학교 측에서 명백하게 잘못한 사안일 경우에는 제가 먼저 나서서 "교감이 대신 사과드립니다"라고 정중하게 고개 숙이면서 말씀드립니다. 하지만 그렇지 않은 경우일 때는 "사정도 이해하고, 상황은 안타깝지만, 학교 측 입장에서 말씀드리겠습니다" 정도로 표현합니다.

듣는 사람의 태도를 바꾸는
마법의 말

반에 도움반 친구가 있습니다. 자폐가 심해서 친구들이 옆에서 많이 도와주고 이해해줘야 하는 친구입니다. 친구들과 모둠 활동을 하게 했는데, 같은 모둠의 아이 엄마에게 전화가 왔습니다. 왜 도움반 아이랑 같은 모둠을 하게 했냐는 이야기를 하더라고요. 이런 학부모와는 어떻게 말해야 할까요?

전에 어떤 학부모에게 이런 질문을 받았습니다.

"선생님, 우리 지민이가 왜 눈 나쁜 아이가 앞에 앉아야 하냐고 묻더라고요. 저녁 먹으면서 한참 이야기했어요."

낮에 아이들 자리를 바꾸면서 눈 나쁜 친구들을 배려해주자고 했는데, 그 이야기를 꺼낸 것이었습니다.

"그 일은 눈이 나쁜 아이가 뒤에 앉으면 선생님이 칠판에 판서하는 내용이 안 보이고, 공부하기도 힘들다고 얘기해줬는데요."

"그러니까요. 그걸 왜 다른 애들이 배려해줘야 하냐고 하네요. 눈 나쁘면 안경 쓰면 되지 않냐고요."

순간 할 말을 잃었던 게 생각납니다. 사실은 아이를 핑계로 자신이 하고 싶은 말을 하고 있다는 게 느껴졌기 때문입니다. 장애가 있거나 신체적으로 불편한 친구를 배려하는 건 아름다운 일이라고 교과서에서 가르치지만, 현실에선 꼭 당연한 일만은 아닙니다.

저는 이런 분일수록 "어머님은 아이 교육을 위해 특별히 많이 고민하시는 분이시니, 분명 제 말을 이해하실 겁니다"처럼 말합니다. 이 말은 교육계에서 만나는 사람들에게는 마법의 치트키처럼 작용합니다.

사실 이 말은 도교육청에서 장학사로 일할 때, 몹시도 껄끄러운 민원인과 이야기할 때마다 써먹었던 말입니다.

"○○님이 교육을 위해 깊이 고민하시는 분이라는 거 잘 압니다. 그렇게 교육적인 열정이 크시니까, 이렇게 전화도 주셨겠지요. 그런 분이라면 분명 제 입장도 이해해주시리라 생각합니다."

이렇게 말하면 화나 있던 태도가 어김없이 누그러지곤 했습니다. 목소리는 커도 태도가 누그러지기 때문에 민원도 빠르게 해소됐지요. 눈치채셨을지 모르지만, 이 말에 담긴 속뜻은 이런 겁니다.

당신이 민원을 넣은 건 교육적인 고민을 진지하게 하는 사람이라는 뜻이다.

당신이 교육적인 사람이라면 내 입장을 이해할 거다.

내 입장을 이해하지 못한다면 당신은 교육적인 사람이 아니다.

이걸 어렵지 않게 설명했기 때문에 듣는 사람은 자신이 교육적인 사람이 되려면 어떻게 행동해야 할지 순식간에 이해하게 됩니다. 제가 제시한 것과 다른 행동이나 말을 한다면 그건 교육적인 사람이 아니고, 결과적으로 좋은 사람이 아닌 것이 되기 때문입니다.

사람들은 보통 상대가 기대하는 자신의 모습이 무엇인지 대화에서 언급되는 순간, 자신도 모르게 그 모습에 맞게 말하게 됩니다. 심리학적으로 설명하자면 '바람직한 자화상의 프레임'이 씌워지는 겁니다. 이건 상대가 학부모든 학생이든 동료 교사든 관리자든 마찬가지입니다. 이걸 확실히 이해하면 제가 그랬듯이 대화에서 마법의 치트키로 얼마든지 써먹을 수 있습니다.

예를 들면 이런 식입니다.

학부모 : 도움반 친구랑 같은 모둠을 하면 아이들이 많이 불편해지진 않나요? 이런 말이 조심스럽긴 하지만, 애들이 다 보니, 그런 불평을 이야기할 수도 있을 것 같은데요. (사실은 자신이 불편함을 이야기하고 있다.)

교사 : 네, 아무래도 애들이니까요. 충분히 그럴 수 있습니

다. (상대의 생각 그대로 인정하기)

학부모 : 그쵸, 선생님도 그 부분 아시지요?

교사 : 그럼요. 마침 말이 나왔으니까, 어머니처럼 교육적인 분하고 이 문제를 같이 이야기 나누고 싶네요. (교육적인 사람이라는 프레임 적용하기) 어머니, 저는 배려가 뭘까 늘 고민하거든요. 어머님처럼 교육적인 분이라면 아마 아이들 사이에서 배려가 어떻게 적용되는지 이해하실 거예요. 사실 도움반 친구여서 아이들이 희생하는 건 아니에요. 친구 중 하나로 존중하는 거죠. 어머님은 교육적인 분이라 이 부분까지 이해하실 거 같아요. (상대에게 기대하는 것 말하기)

저는 눈 나쁜 친구를 앞에 앉히는 문제 때도 이렇게 대답했습니다.

교사 : 어머니, 어머니는 교육적인 걸 많이 고민하시는 분이잖아요. 지민이 보면 딱 알 수 있거든요. 그러니까 지민이가 그렇게 멋지게 자랐죠. (교육적인 사람이라는 프레임 적용하기) 어머님이 저보다 더 잘 아시죠? 이건 아이가 억울하게 손해보는 게 아니에요. 오히려 배려를 배울 수 있는 좋은 기회인 거죠. 이 부분 지민이한테 저 대신 한 번 더 설명해주실 수 있으시지요? 어머니라면 저보다 더 잘 설명하실 것

∥ 같아요. 잘 부탁드려요. ∥

이 학부모에게선 같은 전화가 오지 않았습니다. 아마 이 프레임 적용하기 기법을 몇 번 연습해보면 금방 깨닫게 되실 겁니다. 생각보다 더 쉽고 간단하게 상대를 움직일 수 있는 말이라는 걸 말입니다.

바람직한 자화상 프레임 적용하기

업무를 자주 떠넘기는 동료 교사가 있습니다. 다음의 대화를 잘 살펴보고, 바람직한 자화상 프레임 적용하기 기법을 활용해서 대답해볼까요?

교사A : 민아 쌤, 학급 교육과정 벌써 다 끝냈다며. 일도 어찌나 잘하는지 몰라. (일 잘하는 교사라는 프레임 적용) 요즘 MZ는 이기적이라는데, 우리 민아 쌤은 착해서 참 좋아. (착하니까 도와야 한다는 프레임 적용) 민아 쌤은 진즉 끝냈으니까, 이번 달 학급통신문 쓴 것 좀 나눠 줘.

민아 쌤 입장에서 무슨 말을 하면 좋을지 생각해보세요.

① **민아 쌤** : 아니, 그게 아니라, 저도 일 잘 못 하는데…. (우물쭈물 말을 흐린다.)

② **민아 쌤** : 그게 선생님이랑 무슨 상관이죠? 그건 선생님이 하셔야 하는 일이잖아요. (상대에게 무안을 주면서 화를 낸다.)

③ **민아 쌤** : 네, 알겠습니다. (상대의 기대에 못 미칠까 봐 내키지 않지만, 자료를 준다.)

| 프레임 적용하기 |

① **민아 쌤** : 그러니까요. 저는 선배 선생님이 열심히 하시는 거 보면 정말 존경스럽더라고요. 선생님은 저보다 더 많은 고민을 담느라 늦어지는 게 아닐까 싶어요. 다 끝나실 때까지 제가 기다릴게요. (선배라면 열심히 하는 모습을 보여야 한다, 그래서 늦어지는 것이니 도울 필요가 없다는 프레임 적용하기)

② **민아 쌤** : 맞아요. 선생님. 제가 MZ라서 그런지, 남 돕는 걸 아직 잘 못해요. 괜히 나섰다가 제가 더 일을 복잡하게 만들 수도 있고요. 선생님 다 하시면 함께 모여서 결과물을 공유하는 것도 좋을 거 같아요. (상대가 먼저 꺼낸 MZ라는 말을 프레임에 다시 적용하기)

교사와 학부모 간
대화의 기본 원칙

이야기 나눌 때마다 제 말을 자꾸 끊으면서 자기 말만 하려는 학부모가 있습니다. 결국 학부모님 이야기만 듣다가 대화가 끝나요. 이럴 때마다 뭔가 제대로 의견을 전달하지도 못하고, 대화가 끝나버리는 것 같아서 아쉽고 안타깝습니다. 어떻게 이야기하는 게 좋을까요?

학급을 운영하면서 학기마다 빼놓지 않고 꼬박꼬박 설문했던 것이 몇 가지가 있습니다. 교사의 전반적인 말하기, 교사에게 하고 싶은 말, 친구에게 하고 싶은 말, 친구에게 듣고 싶은 말, 부모님에게 하고 싶은 말, 부모님에게 듣고 싶은 말 등입니다.

아이들이 적어냈던 친구에게 해주고 싶은 말 가운데 인상적인 말이 있었습니다. 그중 제가 기억하는 몇 가지를 소개하면 다음과 같습니다.

· 연우야, 네가 내 이야기 잘 들어줘서 나는 네가 참 좋아.

- 지민아, 나랑 이야기할 때마다 재미있어 해주고, 환하게 웃어줘서 고마워.
- 수혁아, 놀 때 나를 불러주고 챙겨줘서 고마워.

아이들 말에서 느껴지시지요? 아이들은 자기 말을 잘 들어주고, 웃어주고 반응해주는 사람을 좋아합니다. 교우 관계로 힘들어하는 아이도 상대의 말을 잘 들어주는 것부터 실천하게 하면 눈에 띌 정도로 친구 관계가 좋아지는 걸 보실 수 있습니다. 내 이야기를 잘 들어주는 친구를 싫어하는 아이는 없거든요.

아이들만 그럴까요? 인간이라면 누구나 자기표현의 욕구를 느낍니다. 내 이야기를 하고 싶고, 내 생각을 말하고 싶지요. 또 그만큼 다른 이에게 존중받고 싶은 욕구도 있습니다. 내 이야기가 존중되면 좋겠고, 내 생각이 상대에게도 받아들여지면 좋겠고, 이런 존중의 메시지가 몸으로, 말로 느껴지길 바랍니다. 이두 가지 욕구를 한 번에 만족할 수 있는 것이 있다면 어떨까요? 누구나 좋아하지 않을까요?

저는 그게 바로 대화라고 생각합니다.

대화 : 마주 대하여 이야기를 주고받음. 또는 그 이야기

대화의 사전적인 의미만 봐도 알 수 있지요. 한 사람이 일방적

으로 쏟아내는 식은 대화가 아닙니다. 그건 그냥 독백이나 넋두리일 뿐이지요. 대화는 기브앤테이크입니다. 하나 주면 하나 받는 식이어야 합니다.

교사에게 자신의 이야기를 일방적으로 쏟아내는 학부모라면 그건 대화를 원하는 게 아니라는 뜻입니다. '지금부터 나 하소연할 거니까, 그냥 들어줘'라는 뜻이지요. 정리하자면 교사의 말을 자르면서 끼어들고 자신의 이야기만 마구 해대는 학부모라면 사전적인 의미의 주고받는 대화는 애초에 불가능합니다.

저는 이런 학부모를 만나면 실컷 쏟아낼 때까지 내버려둡니다. 이런 학부모는 당장은 대화를 하고 싶은 게 아니기 때문입니다. 학부모의 넋두리 또는 하소연이 어느 정도 끝나고 나면 제 이야기를 시작합니다. 이때 대화의 한계가 어디까지인지 정확하게 선을 긋고 이야기를 합니다. 예를 들면 이런 식입니다.

교사 : 어머니, 하고 싶은 말이 정말 많으셨나 봅니다. (상대의 감정 존중하기) 이제 제가 교사 입장에서 말씀드릴게요. 저도 어머니 이야기 다 들어드렸으니, 어머니도 제 이야기 들어주셔야 해요. 그래 주실 수 있지요? (교사가 학부모를 존중하여 이야기를 다 들어주었음을 강조하기) 제 이야기 중간에 자르거나 끊거나 하지 마시고, 제가 어머니 이야기 들어드렸듯이 끝까지 다 들어주셨으면 합니다. (상대에게 원하는 것 말하기)

보통은 교사가 이렇게 이야기하면 어느 정도 누그러지지만, 그렇지 않은 경우도 있습니다. 이때 중간에 다시 교사의 말을 자르고 자기 이야기를 하려고 하면 말을 멈추고, 다시 선을 그어주는 게 좋습니다.

> **교사** : 어머니, 저랑 이야기하고 싶으신 거 맞으시지요? (대화하고 싶은지, 상대의 의사 확인하기) 그럼 제가 어머니 존중해서 모든 이야기 들어드렸듯이 어머니도 저를 존중해주시고, 제 이야기를 들어주셔야 합니다. (상대에게 원하는 것 말하기) 제 말을 끊으신다면 교사로서 드릴 수 있는 말씀을 다 못해요. 어머니께서 제 이야기를 들으실 준비가 되면 그때 다시 이야기하겠습니다. (대화하고 싶다면 선을 지킬 것을 요구하기)
>
> **학부모** : 아니, 그게 아니고 선생님, 그러니까, 제 이야기는….

다시 원점으로 돌아간 것 같다면, 그때도 다시 한번 똑같이 말하면 됩니다.

> **교사** : 어머니, 제 이야기 들으실 준비가 아직 안 된 거 같아요. 어머니가 준비되면 그때 이야기하는 게 좋겠어요. 다음에 다시 이야기하시는 게 어떨까요?

이걸 몇 번이고 같은 방식으로 반복하는 겁니다. 대화하고 싶다면 교사가 용인하는 선을 지키는 게 좋다는 걸 분명하게 이야기하는 것이지요.

전에 한 시간 내내 화내면서 소리 지르는 민원인 학부모를 경험한 적이 있습니다. 거의 일방적으로 혼자서 화내는 소리를 모두 들어준 다음 실제로 이렇게 말했습니다.

교사 : 어머니, 다 말씀하셨지요? 그럼 이제 제가 말할게요. 제 이야기를 자르거나 중간에 끼어들면 대화는 어렵습니다. 만약 저랑 대화하고 싶다면 끝까지 들으셔야 합니다. 들을 자신이 없다면 지금 얘기해주세요. 준비될 때까지 기다리겠습니다.

저는 제가 준비했던 이야기를 빠짐없이 다 했고, 사안도 원만하게 마무리 지었습니다. 내가 하나 줬으면 너도 하나 줘야 한다는 기브앤테이크는 교사와 학부모 사이의 대화에서도 기본 원칙이랍니다.

서로 불편한 대화에서
내 말에 힘을 싣는 법

좋은 말을 하는 것은 간단한데, 아이의 안 좋은 면을 말해야 할 때면 부담이 됩니다. 어떻게 표현해야 할지 잘 몰라서 빙빙 돌려서 말하게 되는데요, 이걸 어떻게 표현해야 할지 궁금합니다.

사람은 누구나 좋은 면이 있고, 안 좋은 면도 있습니다. 아이도 그렇고, 성인도 그렇습니다. 교사는 여러 학생과 시간을 보내다 보니, 자연스럽게 아이의 긍정적인 면과 부정적인 면을 동시에 보게 됩니다. 교사는 나름대로 학생의 성향을 객관적으로 말한다고 해도 학부모와 교사의 대화라는 특성 상 교사의 주관적인 견해를 말할 수밖에 없습니다. 하지만 학부모는 자녀의 나쁜 면을 전해 듣는 상황인 만큼 아무래도 마음이 불편해질 수밖에 없겠죠.

이때 기억해야 할 것은 객관적으로 누구나 관찰 가능한 내용을 말해야 한다는 것입니다. 전에 학부모 민원인에게 학생의 부정적인 면을 이야기해야 하는 상황에서 교과전담 교사, 담임교사, 옆 반 교사, 상담교사, 보건교사까지 모두 불러서 학생의 행동에 대해 관찰한 면을 말하게 한 적도 있습니다. 교사 한 사람이 아니라 여럿이 똑같이 보고 듣고 느낀 부분이라면 그만큼 말에 힘이 실리기 때문입니다.

아이의 부정적인 면에 대한 교사의 생각이나 의견을 말하면 어찌 됐든 이야기는 부정적인 방향으로 흐르게 됩니다. 누가 봐도 고개를 끄덕일 수밖에 없게 객관적으로 관찰이 가능한 부분을 말하되, 교사의 견해를 먼저 말하지 말고, 학부모의 견해를 먼저 묻는 것도 좋습니다.

교사 : 아이가 까불고 장난을 자주 쳐서 친구들이 싫어해요.

이 말은 두 가지 문장이 혼합돼 있습니다.

· 아이가 까불고 장난을 자주 친다.
· 그래서 친구들이 싫어한다.

'까불고 장난치는 걸 좋아한다'라는 표현도 학부모 듣기에는 불편하겠지만, '친구들이 싫어한다'라는 표현에서는 아마도 더 마음이 불편해질 겁니다. 아이의 부정적인 면모를 학부모에게 잘 전달하려면 교사가 객관적인 사실을 전달하고 있다고 느끼게 하는 게 좋습니다.

특히 아이에 대한 교사의 의견을 말할 때도 교사가 먼저 특정해서 말하는 것보다 학부모의 말을 이끌어낸 다음 교사는 자신의 의견을 보태는 것처럼 하는 게 좋습니다. 교사의 입으로 먼저 부정적인 말을 서술하는 게 아니라, 학부모가 말하고 그걸 정리하는 식이기 때문에 교사가 하고 싶은 말이 무엇이든 자연스럽게 유도할 수 있게 됩니다. 예를 들면 이렇게요.

> **교사** : 아이가 까불고 장난을 자주 칩니다. 그래서 친구들이 싫어해요.
>
>
>
> **교사** : 아직 아이들이 어리잖아요. 장난도 곧잘 칩니다. 어머니 보시기엔 다른 친구들은 이 부분을 어떻게 생각할 것 같으세요? (학부모의 의견 먼저 듣기)
>
> **학부모** : 별로 안 좋아할 것 같긴 해요. (대답한다.)
>
> **교사** : 맞아요. 그런 면이 좀 있어요. 친구들과 사이좋게 지내려면 아무래도 이 부분 신경 써주셔야 해요. 그래도 어머니께서 이 부분을 먼저 이야기해주시니, 저도 마음이 좀 놓이네요. (교사의 의견 말하기)

교사 : 아이가 친구들하고 트러블이 잦아요. 친구들도 같이 놀기 힘들다고 자꾸 말하고, 저도 지도하기가 어렵습니다.

⇓

교사 : 아이들이 아직 어리다 보니, 자기표현을 잘 못하는 경우가 많지요. 이건 준영이만 그런 게 아니라 다 마찬가지예요. 하지만 이런 일이 반복되면 얘기가 또 다르거든요. 어머니 생각에는 이 부분을 충분히 지도하지 않으면 준영이에게 어떤 일이 일어날 것 같으신가요? (학부모의 의견 먼저 듣기)

학부모 : 친구들하고 트러블이 생기겠죠.

교사 : 네, 맞습니다. 아이가 교우 관계가 좋으려면 아무래도 자기감정에 대한 표현을 정확하게 하되, 부드럽게 하는 방법을 배우는 게 좋아요. 어머니께서도 이 부분 정확하게 인지하고 계시니, 다행입니다. (교사의 의견 말하기) 앞으로는 친구에게 화를 먼저 낼 게 아니라 부드럽게 하고 싶은 말을 생각하면서 해보도록 하는 게 좋겠지요. 가정에서 지도 부탁드려요. (상대에게 바라는 것 말하기)

아이의 부정적인 면에 대한 이야기를 듣는 것은 부모라면 누구나 불편해하는 일입니다. 부모가 불편해할 것이라는 점을 충분히 감안하고 이야기를 시작하되, 객관적이고 구체적인 수치가 적힌 자료를 보여주면서 이야기하세요. 아이의 안 좋은 모습이 불러올 상황에 대해서도 교사의 입으로 먼저 꺼내기보다 부모에게 짐작해보게 하고 이야기를 해보게 한 다음 그걸 다시 되짚는 식으로 거꾸로 이야기를 해보시는 것이 좋겠지요.

부드럽게
정당한 사과 요구하기

학폭 사안 처리를 하던 중에 저한테 무례하게 말한 학부모가 있었습니다. 잘 해결되긴 했는데요, 그때 정작 저는 학부모에게 사과를 못 받았어요. 그게 아직도 후회가 돼요. 그때 제가 어떻게 말했어야 했을까요?

실제 강의에서 받았던 질문입니다. 사안을 원만하게 잘 해결했다면 마무리도 잘해야 합니다. 선생님 자신을 위해서라도 사안 처리 과정에서 마음을 불편하게 했던 부분이 있다면 이 부분을 짚고 넘어가는 게 좋습니다. 이미 사안이 원만히 해결됐기 때문에 이때는 교사가 사과를 부드럽게 요구하면 보통은 학부모도 순순히 사과합니다.

전에 변호사를 불러서 당장 쫓아가겠다면서, 학교를 가만두지 않겠다고 소리쳤던 학부모가 있었습니다. 사안을 잘 마무리한 다음, 돌아가는 학부모를 불러 세웠습니다.

교사 : 아버님, 저한테 뭐 할 말 없으세요?

학부모 : 어, 뭐요? 전 없는데요. 얘기도 다 잘 끝나서, 저는 없습니다.

교사 : 어머, 없다니요. 사과하셔야죠. 아버님이 저한테 아까 통화할 때 막 소리치고 화내셨잖아요. 저 아까 되게 놀랐어요.

학부모 : 아, 아이고, 제가 그랬죠. 교감 선생님, 함부로 행동해서 죄송합니다. 제가 사과드립니다.

제가 그때 받았던 사과 내용입니다. 저는 이 말을 웃으면서 부드럽게 했고, 학부모도 웃으면서 부드럽게 사과했습니다. 상대의 무례함에 내가 불편했음을 정확하게 알리고, 그 행동에 대한 사과까지 받은 겁니다. 이 일에 저는 앙금이 남거나 마음이 불편하지 않았습니다. 만약 사과받지 않고 대충 넘어갔다면 어땠을까요? 아마 그 학부모를 학교에서 마주칠 때마다 두고두고 불편했겠지요.

위의 선생님 사례에서도 알 수 있듯이, 사과받아야 할 상황에서 사과받지 못하면 우리는 마음에 상처를 입습니다. 오래도록 아프지요. 선생님 마음이 계속해서 불편하다면 시간이 조금 흐른 다음 이 부분을 살짝 언급하는 것도 한 방법입니다.

교사: 전에 ○○한 부분이 있어서 제가 마음이 좀 불편했습니다. 어머님이 따뜻하게 사과 한마디라도 해주시면 좋을 것 같아요.

이 정도로 이야기하는 겁니다. 이미 시간이 흐른 뒤이기 때문에 학부모가 사과할 수도 있습니다. 만에 하나 사과하지 않더라도 괜찮습니다. 나는 이미 나를 위한 최소한의 말하기는 한 다음입니다. 그쯤 되면 내 마음이 그렇게까지 불편하진 않다는 걸 느끼실 수 있을 겁니다. 사과를 안 한 그 사람이 잘못한 거지, 정당한 사과를 요구한 내가 잘못한 건 아니니까요. 석어도 마음에 남은 죄책감과 나를 지키지 못했다는 자괴감은 벗을 수 있습니다.

사안이 원만히 마무리됐다면, 이렇게 마음까지 챙기세요. 그래야 교사의 마음이 안 다칩니다. 어떤 상황에서든 내가 나를 챙기고 돌보지 않으면 내 마음이 다칩니다. 그렇게 한 번 마음이 다쳐버리면 다음에는 위축돼서 제대로 말도 잘 안 나옵니다.

옛말에 살을 내주고 뼈를 취한다는 말이 있습니다. 저는 이 말이 말하기에 똑같이 적용된다고 생각합니다. 물론 살도 안 내주고 뼈까지 취하면 좋겠지만, 상대가 무시무시하게 나올 때는 최소한의 데미지를 입고 나를 지키는 쪽이 결과적으로는 훨씬 낫습니다.

저는 평소에 학교에서 온갖 일들을 겪지만, 어떤 일, 어떤 상황에서도 제가 똑같이 소리를 지르고 화를 내는 일은 없습니다. 앞으로도 없을 거고요. 상대가 어떤 말을 해도 들어줍니다. 다만, 제 차례가 왔을 때 대충 넘어가지 않습니다. 사과도 반드시 받습니다. 살을 줬으니, 뼈를 취한다는 마음으로 말입니다.

3장

~~~

학부모의
불안을 잠재워라

잘 양보하는
착한 아이를 둔 학부모

너무 착해서 그런지, 교실에서 항상 친구들에게 양보하거나 잘 못하는 친구들을 먼저 챙기는 아이가 있어요. 아이 부모님도 이런 상황을 잘 알고 있더라고요. 부모님도 너무 착하고 좋은 분들이에요. 이런 부모님과는 어떻게 말하는 게 좋을까요?

한 번은 지극히 모범적이고 성실한 데다가 한없이 착하기까지 한 아이가 물었습니다.

"선생님, 저는 언제쯤 제가 좋아하는 친구하고 같은 모둠이 돼요? 저는 수업 시간에 말 안 듣고 시끄러운 애들하고는 항상 같은 모둠이 되는데, 제가 진짜로 같은 모둠 하고 싶은 친구는 언제나 다른 모둠이 되더라고요."

순간 뜨끔했습니다. 그 아이가 같은 모둠을 하고 싶어 하는 아이는 그 아이만큼이나 성실하고 모범적인 아이였습니다. 두 아이를 서로 다른 모둠에 넣어서 나름 균형을 맞춘 건데, 그 말을 들으니 아이에게 많이 미안했습니다. 그동안은 번번이 다른 모둠이 되게 했기 때문에 다음엔 둘을 꼭 같은 모둠으로 넣어주겠다고 약속했습니다.

약속대로 다음엔 둘을 같은 모둠으로 넣었습니다. 하지만 둘을 같은 모둠으로 묶으니, 다른 모둠이 상대적으로 많이 뒤처지더군요. 그다음엔 아이들끼리 알아서 모둠을 구성하게도 해봤지만, 그래도 마찬가지였습니다. 이렇게 저렇게 해봐도 착하고 모범적인 아이들이 모둠에서 힘든 일을 비교적 더 많이 감당하는 구조는 변함이 없었습니다.

다인수 학급은 특성상 착한 아이가 양보하기 쉬운 구조입니다. 단적인 예지만, 위의 모둠 구성만 봐도 그렇습니다. 저는 모둠을 구성할 때 말썽꾸러기들만 모으거나 모범생들만 모아본 적이 없습니다. 협동학습 모형에서는 수준이 A, B, C, D인 학생들이 고르게 들어가도록 모둠을 구성하는 방식을 소개하기도 합니다. A, A, A, A처럼 우수한 수준의 학생들만 모아서 모둠을 구성하라는 말은 아마 교육학 관련 책 어디에서도 찾아볼 수 없을 겁니다.

제가 잘 아는 아이 중에 중학교 3년 동안 장애 있는 친구와 같은 반, 같은 모둠, 수학여행 때 같은 조였던 아이가 있습니다. 불평 없이 지내던 아이가 한 번은 왜 항상 그렇게 모둠이 되는 거냐고 엄마에게 물었습니다. 적어도 한 번은 다른 모둠이 될 수도 있지 않냐고 말입니다.

> **학부모** : 많이 힘들지. 엄마였어도 힘들 것 같아. (아이 마음에 공
> 감해주기) 근데 엄마는 그만큼 선생님이 네 인성을 좋게 봐주
> 신 거라고 믿어. 선생님은 네가 그 아이를 잘 도와줄 거라
> 고 믿고 계시는 거지. (사안의 긍정적인 면 말해주기)
> 하지만 많이 힘들 땐 힘들다고 선생님께 말씀드려. 그래야
> 선생님도 네 마음을 봐주셔. (기대하는 것 말하기)

아이의 엄마가 해준 말이었다고 합니다. 그 엄마가 누군지는
상상에 맡기겠습니다. 착하고 성실해도 아이는 아이입니다. 인
내하고 솔선하는 게 어렵고 힘들 겁니다. 교사가 아이의 이런 마
음을 평소에 잘 들여다봐 주고, 어려운 일을 감당하는 것에 고맙
다고 표현을 해주는 게 좋습니다. 착하고 성실한 아이가 학급의
어려운 일을 도맡아 해주기 때문에 학급이 제대로 굴러가는 경
우도 많습니다. 상대가 아이여도 고마운 건 고맙다고, 미안한 건
미안하다고 말해주세요.
　이런 아이의 학부모를 만날 때는 아이가 잘해주고 성실하고
모범적으로 생활하는 것에 대한 구체적인 예를 들어 말해주세
요. 아이의 인성에 대해 긍정적인 말을 많이 해주시고, 칭찬도
듬뿍 해주시는 것이 좋습니다.

이런 아이는 가정에서 평소에 인성과 관련한 면을 자주 강조하고 지도해왔을 가능성이 큽니다. 인성을 강조해서 키운 아이이기 때문에 교사의 따뜻하고 긍정적인 평가는 그 자체로 학부모가 가정에서 잘 지도했음을 객관적으로 인정받는 셈입니다. 이런 부모가 걱정하는 부분이라면 아이가 혹시라도 매번 양보만 하지 않을까, 정도입니다. 그것도 가벼운 걱정이지, 교사를 힘들게 하는 식의 걱정이 아닙니다. 드라마의 한 장면 같지만 실제로 그렇습니다.

(나쁜 예)

교사 : 수아가 친구들을 정말 잘 도와줍니다. (구체적이지 않다.)

(좋은 예)

교사 : 최근 수학 시간 일이에요. 분수의 나눗셈을 배우는데, 짝꿍 유민이가 어려워하니까, 수아가 이걸 하나하나 가르쳐주더라고요. (구체적으로 말하기) 그 모습이 참 보기 좋았어요. 수아가 힘든 일에도 불평하지 않고 잘해주는 걸 볼 때마다 항상 든든하고 고마워요. 이렇게 수아를 잘 키워주신 어머니께도 깊이 고맙습니다. (아이와 학부모의 긍정적인 면 칭찬하고 격려하기) 앞으로도 수아가 친구들 많이 도와주도록 잘 말씀해주세요. (상대에게 바라는 것 말하기)

이렇게 짚어주시면 부모도 아이가 착해서 손해본다는 느낌보다 긍정적인 느낌을 갖게 됩니다. 아이의 학교생활을 믿고 교사를 신뢰합니다. 제가 경험했을 때, 아이가 착하고 반듯하면 부모도 비슷한 성향인 경우가 압도적으로 많았습니다. 이런 학부모가 교사의 철학을 이해하면 교사에겐 가장 든든한 지원군이 된답니다.

학교를 불신해
자주 오해하는 학부모

학교에서 일어나는 일에 대해 자주 오해하는 학부모가 있습니다.
본인의 자녀가 늘 피해보는 것처럼 이야기해요. 이런 분과는 어떻
게 대화해야 할까요?

앞의 사례는 실제로 손해를 보는 경우였지만, 이번에는 아이
가 손해보지 않아도 손해보는 것처럼 오해하는 경우입니다. 이
런 학부모와 이야기 나누다 보면 아이가 늘 피해보고 있으며, 괴
롭힘을 자주 당한다고 생각하는 경향이 있다는 걸 느낄 수 있습
니다. 아이의 보호자로서 보이는 심리적인 방어기제이면서 동
시에 어떤 면에서는 피해의식이기도 하지요.

심리학에서는 피해의식을 타인이 나를 괴롭히거나 비난하거
나 안 좋게 생각한다고 믿는 마음의 상태라고 설명합니다. 피해
의식이 있는 사람은 자신이 어떤 상황에서든 피해자라고 믿습

니다. 자신과 생각이 다른 사람은 모두 자신에게 해를 끼치는 가해자라고 보고요. 피해의식이 심해지면 피해망상으로 발전하기도 합니다.

피해망상은 모든 사람이 나를 괴롭히려 한다는 생각이 망상에 이른 상태를 말합니다. 이런 사람은 주변 사람을 터무니없이 오해하고 욕하고 비난합니다. 몸이 자꾸 아프다면서 아프지도 않은데 병원을 전전하는 신체망상, 배우자나 연인이 바람을 피운다고 오해하고 질투하는 질투망상, 나는 이런 소홀한 취급을 받기엔 너무 소중하고 대단한 사람이라고 믿는 과대망상 등이 그 예입니다.

카페에서 알바생에게 소리 지르고 난동을 피우는 사람, 지나가는 사람이 자신을 쳐다보았다는 이유로 묻지 마 폭행을 하는 사람, 뉴스에 나오는 비상식적인 학부모 등의 사례가 저절로 떠오르지요.

EBS 다큐 프라임 〈마더쇼크〉 방송에 따르면 대한민국의 부모는 자녀와 자신을 동일시하는 경향이 다른 나라의 부모와 비교해서 유난히 강하다고 합니다. 이런 경우, 자녀에게 일어나는 일은 곧 부모 자신의 일이 됩니다.

예를 들어, 아이가 학교에서 받아온 시험점수가 부모 자신의 점수로 여겨진다면 어떨까요? 단순히 시험을 못 본 게 아니라 억장이 무너질 일이 될 수 있습니다. 공부를 잘하는 것도 못하는 것도, 선생님에게 혼난 것도 칭찬받은 것도, 친구랑 싸운 것도 다 부모의 일입니다.

자녀가 친구 때문에 힘들다고 하소연한다거나 교사에 대한 불만을 자주 이야기하면 어떨까요? 학부모는 학교생활에 불만 족스러운 느낌을 아이와 한마음으로 공유하면서 불편한 마음을 점점 키울 겁니다. 아이에게 일어나는 일 하나하나를 곱씹듯 되새겨볼 것이고, 나중에는 교사의 생활지도나 수업 방식, 교육철학 등을 받아들이지 않을 겁니다. 이런 마음이 자꾸 쌓이면 피해의식으로 발전할 수도 있겠지요.

> **학부모**: 선생님, 저희 세훈이는 제 자식이라서 그러는 게 아니라 정말 착해요. 애가 워낙 순하니까, 다른 아이들이 자꾸 건드리는 거예요. 오늘 세훈이가 다른 아이를 때린 것도 다 정당방위예요. 이게 다 그 애들이 놀려서 그런 거예요.

제가 5학년을 담임할 때 학부모에게 들었던 말입니다. 우리 아이가 때린 것은 정당방위라는 학부모의 말에서 은연중에 피해의식이 느껴지실 겁니다. 세훈이는 키가 작고 아기처럼 말하는 버릇이 있어서 친구들이 따라 하거나 놀린 일이 가끔 있었습니다. 학부모는 바로 이 부분을 이야기하고 있었습니다.

이 사례에서 알 수 있듯이 피해의식은 하루아침에 만들어지지 않습니다. 긴 시간 실제로 피해를 입고, 억울하고 속상한 것들이 누적될 때 만들어집니다. 몇 년 동안 반복해서 이런 일을 경험한 학부모라면 아이가 걱정되고, 염려되고, 또 그만큼 방어적인 태도를 취할 수밖에 없습니다. 실제로는 그렇지 않더라도 자주 불안한 마음이 들고, 아무 때고 걱정이 올라오면서 학교 일에 오해와 불신을 키울 거고요.

학부모가 유난히 방어적인 태도를 보이면서 '우리 애는 언제나 피해자였다' '다른 아이들이 우리 애를 많이 괴롭혔다' '우리 애는 정당방위로 한 일이다' 같은 말을 할 때는 허투루 흘려듣지 않는 게 좋습니다. 이런 학부모는 학교에서 일어나는 일을 상대적으로 크게 느끼고 불안해하기 때문입니다.

저는 그런 말을 하는 학부모를 만나면 전년도 담임, 전전년도 담임에게까지 아이의 학교생활, 교우 관계, 수업 태도에 대해 물었습니다. 교과전담 교사에게는 따로 부탁해서 담임이 보지 못하는 아이의 모습을 확인해서 짧은 보고서로 작성해두었습니다.

아이의 지도에 도움이 될 수 있으니, 제가 했던 것처럼 교사가 파악할 수 있는 정보를 미리 모아두는 것도 좋습니다. 학부모에게 정보를 공유해야 할 때가 올 수도 있고요. 이때의 정보는 육하원칙으로 기술된 객관적이고 구체적인 자료여야 하며, 특히 당사자인 아이 자신의 진술을 자필로 받아두는 것도 중요합니다.

학부모가 계속 불안해하면서 자녀가 피해를 보고 있다고 주장할 때는 이 자료를 보여주면서 말하는 게 좋습니다.

> **교사** : 어머니, 세훈이가 작년에 친구 문제로 힘들었다고 자세하게 말해주더라고요. (교사가 알고 있음을 말해주기) 세훈이는 요즘 친구 문제로 가끔 힘들기도 하지만, 조금씩 나아지고 있어요. 어제는 모둠 활동하면서 지우개를 마음대로 가져간 친구에게 "안 돼. 내 허락 받고 가져가" 하고 말하더라고요. (구체적인 사례를 들어 말하기) 억울해도 아무 말도 못 하던 때에 비하면 한결 나아진 거죠. (아이의 좋아진 면에 대해서 말하기)
>
> 여기 보시면 세훈이가 별것 아닌 일에 화를 내서 친구에게 미안하다고 적었지요? (자료 보여주면서 말하기) 가정에서도 이 부분 자꾸 격려해주세요. 조금씩 나아질 겁니다. 너무 염려하지 않으셔도 될 것 같아요. (안심시키기)
>
> 하지만 친구를 때리거나 욕하거나 하는 일은 어떤 경우에도 안 됩니다. 세훈이만 그런 게 아니라 모든 아이가 다 마찬가지예요. 교실에선 그 어떤 폭력도 안 됩니다. 이 부분은 단호하게 가정에서도 지도해주셔야 해요. 부탁드립니다. (상대에게 원하는 것 말하기)

학부모가 유달리 방어적으로 나올 때는 다음과 같은 메시지를 반복해서 주는 게 좋습니다. 아이는 즐겁고 행복하게 지낸다, 아이는 안전하다, 아이가 학기 초보다 편하게 지내고 있다, 아이가 많이 자라고 성장했다, 어려움을 극복하는 방법을 익히고 있는 중이다, 교사로서 아이를 위해 최선을 다하고 있으니 너무 염려 마라 등과 같이 말이에요.

이런 말을 자주 들려주어도 학부모는 지금까지 겪었던 게 있으니, 불안한 마음이 쉽게 잦아들지 않습니다. 교사는 부모가 그만큼 불안하고 염려한다는 점을 늘 감안하고 이야기를 나누어야겠지요. 저는 '전에 비해서' '예전과 달리' '학기 초와 비교해서' 같은 표현을 자주 썼습니다. 그래야 학부모가 '아, 이제는 안전하구나'처럼 생각하기 때문입니다.

단, '우리 애가 자주 당했으니' '우리 애는 다른 애들을 때려도 된다'는 식으로 말하는 경우, 확실하고 분명하게 폭력은 어떤 경우에도 안 된다고 선을 긋는 게 좋습니다. 교실에서 가능한 행동과 불가능한 행동의 경계를 정확하게 말해주는 것입니다. 이 구분은 어떤 상황에서나 마찬가지랍니다.

사과해야 할 상황에
오히려 화내는 학부모

가해 학생의 부모가 학교로 찾아오는 일이 있었습니다. 피해 학생도 아니고 가해 학생의 부모가 찾아와서 깜짝 놀랐습니다. 말도 안되는 요구를 하면서 학교에 오히려 피해를 주는 모습에 정말 당황했습니다. 뭐라고 해야 할지 모르겠더라고요.

어느 평화로운 아침이었습니다. 처음 보는 할아버지 세 분에 웬 남자가 교무실로 갑자기 들이닥쳤습니다. 알고 보니 우리 학교 1학년에 손주가 다닌다는 친할아버지 한 명에, 나머지는 할아버지 친구 둘과 할아버지 아들의 친구였습니다.

할아버지들은 느닷없이 학교에 불을 지르겠다는 둥, 당장 1학년 담임을 내놓으라는 둥 다짜고짜 화를 냈습니다. 교감인데, 누구시냐고 물었습니다. 할아버지 한 분이 손주 이름을 대면서 아이를 아느냐고 물었습니다. 사전에 들은 바가 없었기에 모른다고 솔직하게 대답했습니다. 할아버지 한 분이 "교감이라면서 그러고도 월급 받을 자격이 있어? 내가 내는 세금으로 당신들 월급 주잖아!" 하고 소리치더군요.

눈에 넣어도 안 아픈 1학년 손주가 전날 담임교사에게 일방적으로 혼났다면서요. 담임교사를 당장 내놓으라는 할아버지들에게 1학년 담임교사는 교실을 1분도 못 비우니, 교감인 저와 이야기하자고 했습니다.

분노한 할아버지들의 이야기를 한 시간 가까이 일방적으로 들었습니다. 소리 지르는 와중에 조금씩 퍼즐이 맞춰졌습니다. 사실은 전날 손주가 잘못해서 상대 아이에게 사과해야 할 상황이었습니다. 그런데도 할아버지들은 오히려 학교에 쫓아와 난동을 피운 것이었습니다.

경찰에 공무집행 방해로 신고할까, 0.1초쯤 고민했지만, 그렇게 하지 않았습니다. 사안을 해결하는 데에 도움이 안 된다고 판단했기 때문입니다. 대신 분노한 할아버지들 이야기를 혼자서 끝까지 차분하게 들어드렸습니다. 이야기를 주의 깊게 듣다 보니, 화내고 소리치는 것 말고 하고 싶은 말이 따로 있다는 게 느껴졌습니다.

학부모 : 내가 학교에서 우리 애 혼냈다고 화를 내는 게 아니야. 난 그런 건 얼마든지 이해해. 근데 우리 애만 일방적으로 혼나는 건 아니잖아. 안 그래? 그래서 내가 이렇게 학교

에 와서⋯. (진짜 하고 싶은 말이 따로 있다는 게 느껴진다.)

교사 : 할아버님, 이야기 잘 들었습니다. 그래서 학교에 요구하시는 게 뭔가요? (학부모의 속마음 확인하기)

학부모 : 어, 그게⋯.

교사 : 네, 편하게 말씀해보세요. 그래야 학교에서 무엇을 해드릴 수 있고, 무엇을 할 수 없는지 저도 답변할 수 있습니다. (불가능한 건 요구해도 해결이 어렵다는 걸 암시하기)

학부모 : 사실은 우리 손주가 학폭위에 이름이 올라가고, 담임한테도 계속 혼날 것 같으니까 그렇지. (학부모의 속마음)

맞습니다. 할아버지들은 사실은 이 말을 하고 싶어서 한 시간 넘게 소리 지르고 화를 냈던 것입니다.

교사 : 할아버님, 아이가 훌륭한 어른으로 잘 자랐으면 하시지요? 그래서 이렇게 걱정하시는 거잖아요. (상대의 감정 존중하기)

그런데 아이가 잘 자라려면 잘못했으면 혼도 나야 돼요. 아시지요? 이번 일은 아이가 먼저 욕하는 동영상을 찍어서 친구에게 보냈으니, 이건 아이가 잘못한 게 맞아요. 이 부분 인정하시지요? 제가 담임이었어도 똑같이 지도했을 겁니다. (아닌 행동에 부드럽게 선 긋기)

하지만 이렇게 직접 찾아와서 말씀해주셨으니, 더 객관적이고 공정하게 일을 잘 들여다보겠습니다. 학폭위 문제도 담임선생님하고 충분히 더 고민하고, 이야기 나눠볼게요. 할아버님도 집에 가셔서 아이랑 잘 이야기 나눠주세요. 욕은 하면 안 된다고요. 지도 부탁드립니다. (교육적인 지도 방안 제시하기)

심리적으로 불안하고 걱정될 때, 사람은 위축되고 자신감 없는 모습을 보입니다. 그런데 거꾸로 불안하고 두려워하면서도 남들 앞에서는 정반대의 모습이 되어 소리를 지르면서 화를 내는 경우도 있습니다. 무섭고 불안한 걸 큰 소리로 감추려 하는 것이지요. 이건 심지어 동물도 똑같습니다. 동물 행동을 연구하는 전문가들은 겁이 많은 개가 자주 짖는다고 입을 모아 말합니다. 저는 사람도 똑같다고 봅니다.

할아버지들은 교무실을 한바탕 뒤집어놓았지만, 결국 몇 번이고 미안하다고 사과했습니다. 저에게는 참교육자라는 말까지 남기고 가셨습니다. 힘든 일이었지만, 이 일에서도 많은 걸 배웠습니다. 할아버지들의 행동이 막무가내처럼 보였지만, 사실은 손주를 생각하는 마음에서 나온 행동이었다는 것, 겉으로 드러나는 것이 다가 아니라 하고 싶은 말이 따로 있었다는 것, 주의 깊게 경청하는 태도가 때로는 백 마디 말보다 효과적이라는 것 등입니다.

저는 사안을 처리하면 '그 사람은 도대체 왜 그랬을까'를 돌아보는 나름의 복기 과정을 꼭 거칩니다.

내가 잘한 걸까?
더 나은 방법은 무엇이었을까?
다음엔 어떻게 해야 할까?

이 세 가지 질문을 스스로에게 던지면서 사안을 되짚어봅니다. 이런 복기는 다음에 비슷한 사안을 처리할 때 도움이 많이 됩니다. 선생님들도 비단 사안 처리뿐 아니라 자신의 성장과 발전을 위해서도 이 질문들을 스스로에게 던져보세요. 꾸준히 실천하면 많은 것이 달라질 것입니다.

유난히 자주
연락하는 학부모

⌄

저학년 담임입니다. 반에 유난히 자주 연락하는 학부모가 있습니다. 공손한 듯 말하지만, 아이가 학교에서 어떻게 지내는지 지나치다 싶을 만큼 자세하게 물어봅니다. 항상 불안해하고, 아이가 혹시라도 무슨 피해를 입진 않는지 걱정해요. 이런 경우, 어떻게 대화하는 게 좋을까요?

전에 학부모 한 분이 이런 말을 한 적이 있습니다.

"선생님, 저는 하늘만 어두워져도 마음이 불안해져요. 혹시라도 비 와서 비 맞으면 어떻게 하나, 옷이 다 젖으면 감기 걸릴 텐데, 지금이라도 옷을 가져다주러 가야 하나? 일 끝나고 데리러 가려면 늦을 텐데 어떻게 하지, 이런 걱정이 꼬리에 꼬리를 물어요."

사실 저는 두 아이를 키우면서도 비 올 때 우산을 가져다준 적이 한 번도 없습니다. 아이들도 저한테 그런 일을 기대하지 않고요. 비를 맞아서 감기에 걸린대도 그것도 좋은 경험이라고 말해줄 겁니다. 하지만 제가 그렇게 생각한다고 해서 '뭘 벌써부터 걱정이세요. 학교에 우산 있잖아요. 그거 쓰면 되죠'처럼 이야기하면 상대는 어떤 느낌이 들까요? 상대는 자신의 감정이 받아들여지지 않았다고 생각할 겁니다. 그러면 마음을 닫아버리기 때문에 이야기도 잘 안 됩니다.

대화는 주고받는 것입니다. 소리치면서 화를 내고 싸우는 상황이 아니라면 상대가 무슨 말을 하고 싶은지를 주의 깊게 들어보는 게 좋습니다. 걱정 많은 학부모에게는 나름의 사연 같은 게 있습니다. 걱정이 많아질 수밖에 없었던 계기가 된 사연이 있는 것이죠. 이 부분이 무엇인지 알면 얼마든지 다독일 수도 있고, 화를 내게 만들 수도 있습니다.

불안감이 높고, 걱정을 자주 하는 학부모를 만나면 왜 그런 불안감을 갖게 되었는지 이야기를 충분히 나눠보시는 게 좋습니다. 불안감이 높은 학부모는 불안감이 높아진 계기가 있고, 교사가 모르는 나름의 사연이 있습니다. 이런 학부모와 이야기 나눌 때는 이 계기가 되었던 사연이 무엇인지 이해하는 게 중요합니다. 그래야 그 불안의 핵심을 살필 수 있습니다.

저는 이걸 심리적 스위치라고 부릅니다. 자라 보고 놀란 가슴이 솥뚜껑 보고 놀란다는 말이 이런 때 쓰는 말입니다. 전에 상처가 크게 됐거나 충격을 받은 일과 비슷한 일, 비슷한 말, 비슷한 느낌이 드는 사건을 마주하면 스위치가 작동합니다. 불안감의 스위치가 켜지고, 별것 아닌 일에 극도의 불안 상태가 됩니다.

인간의 뇌는 평범한 사건보다 감정이 섞인 사건을 오래 기억합니다. 생존에 도움이 되기 때문이죠. 공포, 두려움 같은 부정적 감정은 장기 기억으로 남아서 비슷한 환경이나 상황이 만들어지면 같은 반응을 만들어냅니다. 부모와 자녀의 동일시가 큰 우리나라 부모의 특성상 자녀를 키우면서 경험한 어떤 사건이 두고두고 불안하게 만드는 것입니다. 이 원리를 정확하게 이해하면 학부모가 가진 불안의 실체가 무엇인지도 이해할 수 있습니다.

그때 학부모에게 물었습니다.

"지금은 아이가 편안하고, 즐겁게 생활하는데 어떤 점이 그렇게 걱정되세요?"

학부모는 이런 이야기를 들려주었습니다.

"선생님, 저희 유민이가 쌍둥이잖아요. 쌍둥이들은 보통 하나는 약하게 태어난다더라고요. 유민이 언니는 괜찮은데, 유민이는 어렸을 때 심장 수술을 두 번이나 받았어요. 근데 아이가 친구들하고 노는 걸 워낙 좋아해서 뛰어다니면서 놀더라고요."

이 학부모에게 불안의 스위치가 되는 부분이 무엇인지 짐작하시겠지요? 이 경우는 아이의 건강 상태였습니다. 아이가 혹시라도 감기에 걸려서 열이 나고 병원에 입원하고 하는 일련의 일이 벌어질까 봐 염려한 것입니다. 아이가 5학년이고, 병원에서 건강하다는 걸 이미 여러 번 확인했는데도 그랬습니다.

저는 이 경우 말고도, 유치원 때 친구한테 맞은 일 이후로 학폭이 늘 걱정된다던 6학년 남학생 학부모도 만나보았습니다. "에이, 남자애인데, 놀다 보면 과격해지고, 싸움으로 가는 일도 더러 있지요"라고 했다가 어찌나 원망하는 소리를 하던지, '괜찮다는 말이 때로는 위로가 전혀 안 되는구나'라는 걸 깨달았습니다.

불안의 스위치가 되는 일이 무엇인지 확인했다면 그다음은 적절하게 조치하면 됩니다. 교사로서 아이를 위해 도와줄 부분이나 배려할 부분이 무엇인지를 확인하고, 그에 맞는 지도를 하는 겁니다.

교사 : 아, 그랬군요. 유민이가 아플까 봐 걱정이 많으셨겠네요. 부모님 입장에선 당연히 그렇겠지요. (상대의 감정 존중하기) 지금 제가 교실에서 보는 유민이는 굉장히 밝고 해맑거든요. 아이들하고 어울려서 뛰어노는 것도 좋아하고요. 제가 관찰했을 때 유민이가 힘들어하는 느낌은 전혀 없었어요. (불안 덜어내기)

하지만 이렇게 말씀해주셨으니, 혹시라도 유민이가 학교에서 지나치게 활동적으로 생활해서 피곤하거나 지치는 일 없도록 제가 잘 살펴보겠습니다. (불안해하는 부분 구체적으로

> 언급하면서 안심시키기) 학교에서 아이를 위해 배려해야 할 부분
> 이 있으면 언제든 말씀해주세요. 가정에서 바로 아셔야 할
> 문제가 있을 땐 제가 바로 전화드릴게요. (앞으로의 지도 방향 설
> 명하기)
> **학부모**: 네, 선생님, 그렇게 말씀해주셔서 너무 감사합니다.
> 이해해주셔서 고마워요.

이 학부모와는 한 해 동안 아주 잘 지냈습니다. 이 대화 이후 현장 체험학습을 가야 하거나 많이 걸어야 하거나 격렬한 운동을 할 때마다 학부모와 함께 상의하고 이야기를 나누면서 여러 가지로 신경을 썼습니다.

건강이나 공부처럼 눈에 쉽게 띄는 문제는 그래도 해결이 쉽습니다. 하지만 심리적인 문제로 눈에 잘 드러나지 않거나 오래 묵어온 일이라면 교사도 긴장하고 여러 가지로 잘 준비하는 게 좋습니다.

특히 학교폭력 문제로 아이가 오랜 시간 시달렸거나 친구 문제로 많이 힘들어했다면 학부모는 이 부분에 심리적 불안의 스위치를 반드시 갖고 있습니다. 교사가 이런 학부모를 마주할 때는 이 부분을 감안하고 이야기 나누시는 게 좋습니다.

학부모가 안심할 수 있도록 '지금은 안심해도 된다' '아이는 안전하다'와 같은 이야기를 많이 해주시는 게 좋습니다. 혹시라

도 안 좋은 상황을 학부모에게 전해야 하더라도 최대한 부드럽게 교사의 지도 방법과 상황에 대해 객관적으로 이야기하는 게 좋습니다.

학부모 : 선생님, 저희 현우는 친구 문제로 걱정이 많습니다. 친구한테 휘둘리고 그럴까 봐 걱정이에요.

교사 : 어머니, 현우에게 혹시 제가 모르는 무슨 일이라도 있었을까요? 전년도나 전전년도도 괜찮습니다. 편하게 말씀해주시면 현우를 지도하는 데 도움이 될 것 같아요. (불안의 스위치가 켜지는 부분 확인하기)

학부모 : 사실은… 현우가 전에 학교폭력 문제로 아이들한테 좀 많이 시달렸어요. 친구들한테 돈 빌려줬다가 못 받은 적도 있고요. 사과받고 끝났다고 생각은 하는데, 또 그런 일이 생길까 봐 걱정돼요. 작년에 현우 힘들게 했던 수혁이가 또 옆 반이라서 화장실에서 마주칠까 봐 화장실도 잘 못 가겠대요.

교사 : 아, 그런 일이 있었군요. (상대의 감정 존중하기) 현우가 올해는 잘 지내고 있고, 친구들하고도 잘 어울리고 있어서 저는 그런 일이 있었을 거라고는 생각을 못 했어요. (안심할 수 있는 말로 시작하기)

어머니, 현우는 지금 잘 지내고 있어요. 하지만 오늘 말씀해주셔서 어떤 일이 있었는지, 어떤 친구와 힘들었는지 잘 알았습니다. 앞으로 해당 아이의 담임 선생님과도 협조해서 지도를 해볼게요. 제가 놓치는 부분이 있을 수도 있습니다. 그럴 때도 편하게 말씀해주시면 최선을 다해서 현우를 돕도록 해볼게요. (교사의 지도 방향 부드럽게 설명하기)

그리고 부탁 하나 드려도 될까요?

현우도 이제 5학년이고, 고학년이 된 만큼 자기 문제를 스스로 해결할 수 있는 힘도 키워야 해요. 현우가 혹시라도 힘들어하는 모습을 보이면 "현우야, 너무 걱정하지 마. 선생님이 알고 계시니까 선생님하고 이야기 나눠보렴. 선생님이 널 도와주실 거야"처럼 이야기해주시면 좋겠어요. 그래야 현우도 저를 믿고 따라올 거 같아요. 그렇게 해주실 수 있을까요? (상대에게 바라는 것 말하기)

눈치채셨을지 모르겠지만, 이 말은 사실 학부모에게 하는 말이기도 합니다. '교사가 상황을 알고 있으니 최선을 다해 도와보겠다. 너무 걱정하지 마라'라고 말해준 것입니다.

이런 경우, 학부모가 하는 말을 주의 깊게 살펴보면 겉은 다르지만, 속은 비슷합니다. 불안하다는 말을 하고 있는 것입니다. 불안해하는 사람에게 '그게 뭐 어때서, 괜찮다니까'라는 식으로 말하면 상대는 오히려 화가 납니다. '내 마음도 몰라주고 뭐 하는 거야'처럼 생각합니다. 이보다 '그래, 불안하구나. 그동안 많이 힘들었겠다. 이제 내가 아니까 내가 잘 살펴볼게'와 같이 말해주는 쪽이 낫습니다.

사소한 일로도
쉽게 불안해하는 학부모

⌄

사소하고 별일 아닌 것 같은 일인데도, 불안해하는 학부모가 있습니다. 다른 학부모는 문제 삼지 않을 만한 일로도 연락을 합니다. 이런 불안감 높은 부모하고는 평소에 어떤 식으로 대화하는 게 좋을까요?

전에 6학년을 담임했을 때 반에 소심하고 내성적인 남자아이가 있었습니다. 다른 남학생들은 점심시간에 얼굴이 벌게질 때까지 축구하고 뛰어노는데, 이 아이는 달랐습니다. 뛰어다니는 것, 축구하는 것, 땀 흘리면서 운동하는 것도 싫어하고 거친 느낌을 주는 아이들도 싫어했습니다.

한 번은 새 운동화를 신고 왔길래, 장난을 친답시고 아이들이 우르르 몰려들어서 "운동화 새로 사면 밟아주는 거래" 하면서 운동화를 밟는 시늉을 했습니다. 저도 장난에 끼어들었는데, 아이가 펑펑 울면서 속상해 했습니다. 그 모습에 얼마나 놀랐는지 모릅니다. 마음이 여리고 상처를 잘 받는 아이라면 그에 맞게 대해야 하는데, 제 생각이 짧았던 겁니다. 나중에 학부모와 우연히 통화를 하게 됐는데, 이 학부모가 했던 말이 무척 인상 깊었습니다.

"선생님, 저도 어렸을 때 정말 소심하고 내성적이었어요. 그렇게 안 키우려고 했는데, 어느새 보니까 민재가 저랑 똑같이 행동하고 똑같이 생각하더라고요. 제 소심함을 아이에게 가르친 것 같아서 정말 속상하네요."

이 말은 아이를 키우는 부모의 태도가 아이에게 어떻게 전해지는지에 대한 표본 같은 말이라고 생각합니다. 교사가 꼭 기억해야 할 부분입니다. 전에 교실에서 자주 문제를 일으키는 아이가 아침마다 아버지에게서 "네가 먼저 선빵을 날려. 오늘도 파이팅"이라는 말을 듣는다는 말을 듣고 깜짝 놀랐던 기억이 있습니다. 네가 먼저 때리라는 말을 지속적으로 듣고 자란 아이가 화가 나면 어떤 행동을 할지는 불 보듯 뻔합니다.

개를 싫어하는 엄마는 아이가 개를 만지면 기겁합니다. 어릴 때 개를 경험해본 적 없는 아이는 개 옆에만 가도 무서워합니다. 개에 대한 두려움이 부모에게서 아이에게로 대물림되어 자연스럽게 학습된 겁니다. 개를 싫어하는 것이 학습되듯이 친구를 대하는 모습, 자주 하는 말, 어려운 일에 부딪쳤을 때의 선택 등에 대한 것도 부모에게서 아이에게로 전해집니다. 그것도 아주

자연스럽게.

심리학에서는 부모의 감정이 아이에게 전염된다는 것을 이미 오래전부터 이야기해 왔습니다. 실제로 부모가 불안감이 높으면, 자녀도 불안감이 높을 확률이 그렇지 않은 경우에 비해 무려 7배나 높다고 합니다.[7] 부모가 밝고 쾌활하면 아이도 밝고 쾌활한 경우가 많고, 부모가 우울하고 신경질적이면 아이도 그럴 확률이 높습니다.

부모의 불안감은 아이에게도 그대로 전달됩니다. 엄마가 자주 불안해하고 예민하면 아이도 똑같이 따라 합니다. 학교에서도 유독 불안해하고 짜증이 많고, 신경질적으로 구는 아이들이 그런 예입니다.

이 아이들은 불안이 해소되고 마음이 놓일 때까지는 짜증 섞인 말투, 신경질적인 말과 행동, 쓸데없는 다툼 같은 불필요한 행동을 반복해서 합니다. 불안하니까요. 불안해서 짜증 내고, 짜증 내니까 친구들과 다투고, 친구들과 다투니까 선생님한테 혼나고, 혼나니까 또 불안해지고 하는 악순환이 반복되는 겁니다.

이런 아이에게 교사가 "뭘 그런 걸로 그래. 별것 아니잖아. 네가 그렇게 하면 친구들이 싫어해"처럼 말하면 아이는 교사의 말에 상처를 크게 받습니다. 아이에겐 하늘이 무너질 것처럼 심각하고 큰일인데, 교사가 그 마음을 몰라줬으니까요.

불안감이 높은 아이를 지도할 때는 아이가 익숙하고 편안해질 때까지 교사가 반복해서 똑같은 메시지를 주는 게 좋습니다. "선생님은 너의 그런 마음을 이해해. 얼마나 걱정되니" 같은 메시지입니다. 자주 다독이고, 눈을 마주치면서 부드럽게 웃어 주고, 하이파이브 같은 가벼운 신체 접촉 등으로 아이의 마음을 편안하게 만들어주는 것이 효과적입니다.

불안감이 높은 학부모에게는 학기 초에 아이를 잘 모르는 상태에서 섣불리 아이의 부정적인 모습이나 불안해하고 신경질적인 모습을 이야기하지 않는 게 좋습니다. 이런 부모는 그런 말 한마디만 들어도 며칠 잠도 못 자고 고민할 겁니다. 학부모와 라포를 형성하려면 아이 이야기를 자주 들려주시는 게 가장 좋습니다. 예를 들면 이렇게요.

오늘은 세훈이가 급식도 잘 먹고, 친구들과 웃으면서 헤어졌습니다. 전에는 돌봄교실 가기 싫다고 투정 부리곤 했는데, 오늘은 의젓하게 웃으면서 가더라고요. 세훈이 잘하고 있으니, 가정에서도 따뜻한 격려의 말씀 부탁드립니다.

교사가 보내주는 짧은 메시지 몇 번으로도 학부모는 마음이 서서히 열립니다. 불안해하는 마음도 줄어들고요. 그동안 많이 참았고 억울하다고 생각하는 학부모라면 상대적으로 교사의 작은 마음 씀에도 크게 감동하곤 합니다.

불안감은 앞으로 일어날 일에 대한 예측이 가능해지면 눈에
띄게 줄어듭니다. '이번 달에 이런 일이 있겠구나' 하고 미리 예
측할 수 있으면 불안감이 높은 학부모도 한결 편안해집니다. 학
급에서 앞으로 계획하고 있는 다양한 학급 행사, 각종 형성평가,
모둠 활동 안내 등을 짤막하고 간단하게 알려주는 겁니다.

다음 주 금요일 수학 시간에는 단원 평가를 볼 예정입니다. 아이
들이 걱정할 정도의 어려운 시험은 아닙니다. 가정에서 그동안
틀렸던 문제 한 번씩 같이 풀어주시는 정도면 충분할 것 같아요.
협조 부탁드려요.

이 정도로 가볍게 안내하는 겁니다. 부모에게 바라는 것이 무
엇인지를 정확하게 알려주는 것도 좋습니다. '학부모님, 아이를
위한다면 (걱정만 할 게 아니라) 이렇게 해주세요'라고 알려주는
겁니다.

안녕하세요. 2학년 3반 친구들과 함께한 지 벌써 두 달이나 흘렀
습니다. 여러 가지로 학교에 적응하면서 힘들었을 텐데도 잘 해
낸 아이들이 참 대견스럽습니다. 가정에서는 아이들이 학교생활
을 더욱 열심히 잘 해낼 수 있도록 다음 설명드리는 몇 가지 말씀
을 자주 들려주셨으면 좋겠습니다.

- **친구들과 선생님에게 부드럽게 웃으면서 인사 나누기** : 인사 잘하는 친구들은 선생님도 친구들도 다 좋아해요. 친구 관계가 좋아지는 비결이니, 먼저 밝게 인사하도록 말씀해주세요.

- **'고맙다' '미안하다' 말하기** : 감정 표현에 아직 익숙하지 않은 아이들이라 이런 표현이 서툰 경우가 많습니다. 그렇기 때문에 더더욱 오해가 생기지 않도록 가정에서도 미리미리 연습시켜주세요. 친구가 도와줬을 땐 고맙다고 말하기, 실수로 친구를 귀찮게 하거나 마음을 아프게 했다면 미안하다고 말하기, 두 가지는 꼭 지도 부탁드립니다.

- **하기 싫은 일도 '해볼게요'라고 말하기** : 아이들은 처음 하는 일은 꺼리는 경우가 많아요. 하지만 학교에서는 다양한 첫 도전이 기다리고 있답니다. 그때마다 뒤로 물러서는 게 아니라 씩씩하게 "해볼게요"라고 말한다면 얼마나 기특하고 대견할까요? 학부모님께서 따뜻하게 격려해주신다면 더 열심히 하겠지요. 부탁드립니다.

저학년 담임교사라면 대부분 학부모가 불안해한다고 생각하고 지도하는 편이 오히려 마음이 편할 겁니다. 아이를 초등학교에 처음 보낸 경우라면 부모가 불안해하는 마음이 큽니다. 아이의 불안을 학부모가 함께 경험하고 있기 때문이죠. 학부모가 혼자서 괜한 억측과 오해로 상상을 부풀리지 않도록 미리 활동들을 안내해서 예측이 가능하도록 도와주시는 게 좋겠지요.

아이 말만 듣고
판단하는 학부모

"선생님이 오늘 저희 아이한테 좀 서운하게 말씀하신 거 아닌가 해서요. 물론 선생님이 일부러 그럴 리는 없겠지만, 아이가 자꾸 그렇게 말하니까 저도 마음이 조금 그렇네요"처럼 말하는 학부모가 있습니다. 구체적으로 뭐가 어떻다는 게 아니고 두루뭉술하게 뭉뚱그리면서 말하는데, 꼭 저를 떠보는 느낌이 들어요.

학부모가 말한 부분을 주의 깊게 읽어보면, '확실하진 않지만, 왠지 그랬을 것 같았어'처럼 말하고 있습니다. 구체적이고 명확하게 무엇이 어떠하다고 이야기하는 게 아닙니다. 대충 던져서 맞으면 좋고, 아니면 말고 식입니다.

이렇게 떠보듯이 말하는 경우는 왜 그럴까요?

먼저 반대의 경우를 생각해볼게요. 우리가 평소에 가족과 함께 있을 때입니다.

"여보, 침대에서 책 좀 가져다 줘."

"수연아, 엄마가 숙제하라고 했지? 당장 숙제부터 해!"

이렇게 말할 겁니다. 분명하고 구체적으로 원하는 걸 말합니다. 그다음은 결과가 나타나기를 기대합니다.

원하는 것 말하기
기대하기

이 2단계가 가족이나 친구 사이에서 주로 쓰는 친밀한 관계에서의 말하기입니다. 이때는 너무 구체적으로 원하는 걸 말하기 때문에 오히려 상처가 될 정도입니다. 반면 잘 모르는 낯선 상대와는 어떻게 이야기할까요? 원하는 게 있긴 있지만, 그걸 대놓고 해달라고 말하기는 살짝 불편합니다.

"저기, 나 그 서류 좀 분석해주면 좋겠는데… 아, 바빠? 아니, 뭐, 급한 거 있음 그거 먼저 해. 나는 신경 쓰지 마. (속마음: 서류 분석 빨리 해줘.)"

"보고서는 다 썼니? 아, 했나 안 했나 궁금해서…. (속마음: 얼른 보고서 써야지.)"

친한 관계에서 말하는 것보다 훨씬 모호하고 원하는 게 무엇인지 불분명합니다. 친하지 않은 관계일수록 고개를 갸우뚱하게 하는 말을 합니다. 평범한 인간관계에선 신뢰가 아직 쌓이지 않은 상대에게 속내를 드러내는 것이 생존에 보탬이 되지 않는다는 걸 알기 때문입니다. 쉽게 속마음을 드러냈다가 나에게 위협이 되는 상황이 만들어질 수도 있으니, 상대를 떠보거나 흘리듯이 말합니다. 위 사례에서 학부모가 떠보는 것 같다고 교사가 느낀 것도 그래서입니다.

이 학부모의 말은 이렇게 해석할 수 있습니다.

"선생님, 제가 원하는 게 뭔지 구체적으로 말은 안 할게요. 아직 좀 부담스럽고, 믿을 만한 사람인지 판단이 안 섰거든요. 그러니까, 제 맘을 알아서 헤아려주시면 좋겠네요."

이 경우, 대화를 풀어나가기 위해 두 가지 방법이 있습니다.

첫째, 구체적으로 바라는 게 무엇인지 물어봅니다.

> **교사**: 어머니, 아이가 정확하게 어떻게 말했는지 궁금하네요. '선생님이 서운하게 말했다'라는 식으로만 이야기하시면 제가 어떤 말을 했는지 저도 잘 모르겠습니다. 어머님이 구체적으로 말씀해주시면 아이를 지도하는 데에 도움이 될 것 같아요.

떠보듯이 흐리면서 말하는 사람에겐 원하는 것이 무엇인지 구체적으로 확인해야 합니다. 이런 사람과 아무 생각 없이 이야기하다간 자칫 말꼬투리를 잡으면서 대화가 이상한 방향으로 흘러가기도 합니다.

둘째, 신뢰를 쌓아야 합니다.

학부모가 교사를 신뢰하는 게 당연한 이야기 같지만, 그렇지 않은 경우가 생각보다 많다는 것을 우린 이 책의 다양한 사례에서 숱하게 확인했습니다. 교사를 신뢰하지 않는 학부모와 이야기하는 건 살얼음판을 걷는 것과 비슷합니다. 사사건건 시비를 걸기도 하고, 말끝마다 꼬투리를 잡으면서 '근데 그건 좀 아니지 않나요?' '그러니까 학교에서 이 정도는 해주셔야죠!'처럼 말하기도 합니다.

학부모와 신뢰 관계를 쌓으려면 평소에 교실 이야기, 아이 이야기를 조금씩이라도 들려주는 게 좋습니다. 구구절절하게 아이 행동을 관찰해서 보고서 쓰듯이 할 필요는 없습니다. 하지만 교사가 노력하고 있다는 걸 알게 하는 것은 어떤 경우에서든 중요합니다. 아이라는 또 다른 입, 또 다른 눈을 거치지 말고, 교사가 직접 일대일로 소통하려는 의지를 보여주는 겁니다.

가장 좋은 건 학부모에게 우리 교실 이야기를 종종 들려주는 것입니다. 자주 할수록 좋지만, 힘들다면 하다못해 한 달에 한 번이라도 소소하게 이야기 나누는 정도의 정성은 필요합니다.

오늘은 교실 앞 화단에 꽃이 피었습니다. 아이들과 함께 점심을 먹으러 가면서 꽃구경도 했어요. 아이들이 꼭 봄꽃 같았어요. 소중한 아이들 맡겨주셔서 고맙습니다.

오늘 미술 수업을 했습니다. 작품은 모두 아이들 편에 보내드렸어요. 많이 칭찬해주세요.

국어 시간에 감사편지를 썼어요. 아이들과 함께 작품 읽어보시고 이야기 나눠주세요. 좋은 아이들과 함께하는 시간이 참 고맙고 행복합니다.

이런 이야기를 할 때 굳이 부정적이고 안 좋은 이야기만 할 필요는 없습니다. '아이들과 함께 지내는 시간이 좋다' '아이들과 함께해서 행복하다' '아이들이 학교에 잘 적응하고 있다'처럼 교사만 아는 긍정적이고 발전적인 우리 교실을 이야기하는 게 더 좋습니다. 학부모의 불안감을 덜어주는 가장 좋은 말이기 때문입니다.

학부모와 일대일로 이야기할 때는 교사가 눈여겨봤던 아이만의 특별한 부분을 강조하는 것도 좋습니다. 귀여워요, 사랑스러워요, 잘해요, 같은 단순한 말이 아니라 그 아이만의 독특한 매력을 이야기하는 겁니다.

교사 : 지우는 웃을 때 눈이 반달 모양이 돼요. 전 그게 그렇게 귀여울 수가 없더라고요.

교사 : 수민이는 마음이 약해서 눈이 금방 빨개지고 눈물도 많잖아요. 저는 그게 수민이 마음이 그만큼 따뜻하고 여리기 때문이라고 생각해요.

이런 식으로요. 이렇게 아이의 특별한 장점과 매력을 아는 교사라고 생각하게 되면 학부모도 마음을 열고, 교사의 이야기에 귀를 기울이게 됩니다. 학부모의 마음을 사로잡는 것은 대단한 이벤트 같은 게 아닙니다. 이런 자잘한 마음이 쌓이고 쌓여서 이루어지는 겁니다.

저는 이런 일을 다른 누구도 아닌, 저 자신을 위해서 했습니다. 학부모를 위해서 애쓴다고 생각하면 뭔가 억지로 꾸며내게 되겠지만, 교사인 나 자신을 위해서 한다고 생각하니 그리 어렵고 힘들진 않았습니다. 이런 일들을 선생님 자신을 위해서 하세요. 교사가 아이들에게 쏟는 정성과 애정을 학부모와도 나눈다면 그만한 보람이 분명하게 돌아옵니다.

사춘기에 접어든 아이를
걱정하는 학부모

5학년 담임입니다. 아이가 이성 친구를 사귀고 있는데, 모르시더라고요. 말씀드릴까 하다가 걱정하시는 것 같아서 말았어요. 괜히 더 걱정하실 것 같아서요. 제가 어떻게 하는 게 더 나은 일이었을까요?

제가 최근에 상담했던 5학년 학부모의 사례를 한번 볼까요?

"선생님, 저희 아이가 5학년 남학생인데요. 사춘기가 시작된 것 같아요. 다른 엄마들이 사춘기 시작되면 아이가 혼자만 있으려고 한다던데, 정말 그렇더라고요. 집에 와서도 게임만 하고, 핸드폰만 봐요. 전에는 책도 잘 읽고 숙제도 알아서 하던 아이인데, 많이 변한 것 같아요.

얼마 전에는 다른 애들은 이성 친구를 사귄다는 이야기도 하는 거예요. 생전 그런 말을 안 하던 앤데, 그런 말을 하니까 너무 낯설더라고요. 요즘은 제가 무슨 말만 꺼내도 귀찮아해요. 우리 애는 안 그럴 줄 알았는데, 어떻게 해야 할지 모르겠어요. 정말 걱정이에요."

고학년을 담임하는 교사라면 아실 겁니다. 초등학교 5학년이라면 대부분 아이가 이성 친구에게 관심이 많습니다. 외모도 한껏 꾸미고, 좋은 옷, 좋은 신발을 자랑하기도 합니다. 이성 친구와 커플이 된 기념으로 반지를 나눠 끼기도 하고, 사긴 지 N일을 세고, 기념일에는 친구들과 함께 코인노래방에 가서 축하하기도 합니다.

학부모는 걱정이라고 하지만, 현실에서는 지극히 보편적인 일이지요. 교사는 크게 걱정하지 않는 일인데, 학부모는 왜 걱정하는 걸까요? 저는 경험 차이라고 봅니다. 교사는 사춘기 아이들을 많이 겪어봤기 때문에 어지간한 일에는 그러려니 합니다. 솔직히 그런 아이들이 반에 스무 명씩 있는데, 그닥 놀랍지 않지요.

저는 고학년을 담임할 때 여자아이들이 신상 틴트가 나왔다면서 호들갑을 떨고, 앞머리를 잘못 잘랐다면서 세상 무너질 듯 펑펑 우는 것도 보았습니다. 학기 초부터 사귀던 커플이 헤어졌다고 학급 신문에 기사가 올라오는 것도 보았고, 다른 학교로 원정 싸움을 떠나는 것도 보았습니다. 온갖 말썽을 부리고 사고를 치는 아이들을 보다 보니, 지금은 어지간한 일은 정말로 그러려니 합니다.

학부모는 어떨까요? 학부모에게는 사춘기인 자녀가 딱 하나입니다. 그 아이 하나요.

"형은 안 그랬거든요."

"애 누나는 안 그랬는데, 하아, 정말 힘드네요."

이렇게 말하는 것도 부모에게는 그 아이 하나만 보이기 때문에 그렇습니다. 형제나 자매가 있으면 그나마 덜할 텐데, 요즘처럼 외동이 많은 경우는 더 말할 것도 없습니다. 현실적으로 속내를 잘 모르는 남의 아이 이야기, 다른 집 이야기가 사춘기 아이의 기준이 돼버립니다.

사춘기에 접어든 아이의 학부모와 이야기 나눌 때는 특별하고 이상한 일이 아니라는 데에 초점을 두는 게 좋습니다. 부모 입장에서는 '내 아이가 특이하고 이상한 게 아니라 누구나 비슷하구나'라고 생각하게 되면 마음이 그래도 조금은 놓일 수 있습니다.

학부모 : 선생님, 아이가 보여주지 않았던 모습을 자꾸 보여주니, 정말 당황스럽고 걱정돼요. 방문을 막 쾅 닫고 들어가는데 심장이 철렁했어요. (아이의 사춘기로 불안해하고 있다.)

교사 : 어머니, 아이가 평소엔 안 하던 행동이나 말을 해서 걱정되시지요. (학부모의 말을 그대로 짚어서 공감해주기) 그런데 어

머니, 저는 사춘기 아이들을 많이 만나잖아요. 사춘기 아이들을 많이 겪은 제가 볼 땐 괜찮거든요. (사안의 보편성과 교사의 전문성 강조하기) 그 시기엔 누구나 거울 앞에서 살아요. 얼굴을 보고 또 보고 여드름이 하나 더 났네, 안 났네 하면서 울고 불고 해요. 자신의 몸과 외모의 변화를 알아차리는 과정인 거예요.

이 과정에서 나와 다르게 생긴 이성에게 호기심도 생기고, 그 친구랑 손도 잡고 싶고, 같이 놀고 싶고 그러죠. 이 모두가 어른이 되는 과정입니다. 만약 사춘기가 없다면 아이는 평생 아이로 살아야 하는데, 그럼 안 되잖아요.

아이가 잘 자라서 독립하고 성인으로 제 몫을 해주길 기대하신다면 아이가 자라면서 보여주는 다양한 모습도 인정해주셔야 돼요. 욕하고 싸우는 진짜 나쁜 짓을 하는 게 아니라면 말이에요.

하지만 안 되는 행동은 안 된다고 늘 말씀해주세요. 아이가 방문을 쾅 닫고 들어가면 "지금은 말하기 싫구나, 그럼 이따가 말하자" 하고 한계도 그어주시고요. 저도 학교에서 아닌 행동은 따끔하게 야단도 하고 혼도 낼 겁니다. 하지만 그런 일이 아니라면 웃으면서 격려해주고 다독일 거예요.

(상대에게 하고 싶은 말 하기)

어머니, 지금 아이도 힘들어요. 몸도 마음도 갑자기 급성장하는 중이라서요. 이럴 때 엄마랑 선생님이 마음 딱 잡고 괜찮다고 해줘야 하지 않을까요? (교육적인 지도 방향 말하기)

사춘기가 어떤 행동 특성과 심리적 특성을 갖는지를 이렇게 차분하게 하나씩 설명하면서 이야기 나누면 걱정하던 마음이 한결 누그러듭니다. 교사가 생각보다 아이에 대해서 잘 알고 있고, 평소에 많은 아이를 지도해온 전문가라는 생각이 들기 때문입니다.

저는 사춘기 아이들을 담임할 때면, 학부모가 사춘기 문제를 꺼내기 전에 제가 먼저 이야기를 들려주었습니다.

"아이 사춘기로 걱정 많으시지요. 제가 책에서 읽었는데, 사춘기 뇌는 적과 아군을 나눈다고 하더라고요. 엄마나 선생님이 적이 되면 아무 이야기도 안 하려고 할 거예요. 그럼 공부도 시키기 어려워지죠. 변연계라는 뇌는 감정을 관장하는데, 사춘기 아이들에게는 따뜻하고 부드러운 격려와 정서적 안정감을 주는 게 중요하대요. 너무 야단하지 마시고, 아직 어린아이다 생각하시고 따뜻한 말씀 많이 해주세요."

이런 식으로 사춘기 뇌의 특성, 사춘기 아이들의 행동 특성 등을 공부했다가 이야기해주기도 했습니다. 이렇게 말하면 학부모는 '우리 선생님은 사춘기 아이에 대해서 정말 잘 이해하시는구나. 그래도 참 다행이네. 우리 애가 하는 행동이 많이 이상한 건 아니구나. 선생님을 믿고 따라보자' 하고 안심합니다. 부모가 교사의 지도를 이해하고 따라주니, 지도도 한결 수월해집니다.

전에 이런 이야기를 자세하게 들려줬더니, 제 앞에서 펑펑 운 학부모가 있습니다. 6학년 남학생의 학부모였는데, 공부 욕심이 많은 분이었습니다. 아이가 학원 수학 시험 못 본 걸로 저녁을 안 줬을 정도였으니까요. 이 어머니는 제 이야기 끝에 한참을 울었습니다.

"왜 그렇게 우세요."

놀라서 물었더니, 이렇게 말씀하시더군요.

"선생님 말씀을 쭉 듣고 보니까, 저희 아이가 사춘기여도 아직은 사랑이 필요하다는 생각이 들었어요. 사춘기여도 아이는 아이니까요. 근데 저는 그것도 모르고 공부하라고 매일 야단만 했네요. 학원을 뺑뺑이 돌리면서도 아이가 힘들어하는 건 제가 생각을 안 했어요. 아이를 좀 쉬게 해주어야 할 것 같아요."

이 상담 이후에 아이는 다니던 학원 네 개를 모두 끊고 몇 달을 푹 쉬었습니다. 그다음은 오히려 더 열심히 공부하는 아이로 돌아갔습니다. 그 어머니의 눈물이 가끔 생각납니다. 부모는 언제나 아이가 잘되기만을 바라지만, 그 마음이 때론 너무 앞서가서 아이를 닦달하기도 하고, 또 때론 아이와 지겨운 싸움을 하게 되기도 한다는 생각이 들었습니다. 이런 부모의 마음을 들여다보는 것도 교사의 역할이겠지요.

4장

학부모와
적당한 거리를 유지하라

교사의 사생활을 묻는
학부모

학부모가 교사의 개인적인 생활을 가끔 물어봅니다. "그 동네에서 본 적 있는데, 그 동네 사시나요?" "거기 카페도 자주 가신다던데?" 하면서요. 어떻게 대답해야 할지 몰라 우물쭈물 넘어갈 때가 많았어요. 제 SNS를 보면 어떻게 할까 싶어서 비공개로 돌려야 하나 고민하고 있어요.

저는 신혼 때 학교 근처에서 살았습니다. 가끔 슈퍼에 잠옷 차림으로 쓰레기봉투를 사러 갔다가 다른 반 학부모들과 마주치기도 했습니다. 얼마 안 가 우리 반 학부모들이 "선생님, ○○아파트 사시지요?" 하고 묻더군요. 그렇다고 대답하기도 뭐 하고, 아니라고 하기도 뭣해서 한번은 왜 그런 걸 묻냐고 무뚝뚝하게 대답했습니다. 그랬더니, 학부모가 이렇게 말하더군요.

"그냥 궁금해서 그러죠."

학부모의 말에 '별것 아닌데 예민하시네요'라는 뒷말이 생략돼 있다고 느껴졌습니다. 찜찜하고 마음이 불편했습니다. 며칠 고민하다가 문득 이런 생각이 들었습니다. '교사인 나한테는 불쾌한 일이 학부모에겐 왜 아무렇지 않지?' 하고 말입니다. 이 속마음을 들여다보면 이런 식이겠지요.

> **교사** : 어떻게 그런 걸 묻지? 그건 사생활이니까, 묻지 말아야지.
> **학부모** : 그냥 궁금해서 물었을 뿐이야. 내가 뭐 어떻게 하는 것도 아니고 어디 사는지 정도는 말해줄 수도 있잖아.

저는 다른 사람의 사적인 생활에 대해서는 본인이 직접 말해주지 않는 이상은 묻지 않는 게 예의라고 생각합니다. 이건 비단 교사뿐 아니라, 다른 사람들도 마찬가지일 겁니다. 나는 상대를 잘 모르는데, 상대는 나를 잘 아는 상황이 마음 편한 사람이 누가 있을까요.

교사와 학부모는 아이 이야기를 나누기 위해 만난 사이입니다. 딱 그만큼의 거리를 지키는 게 여러 면에서 낫습니다. 이야기하기 껄끄러울 만큼 너무 멀게 대할 필요도 없지만, 반대로 개인적인 이야기를 솔직하게 털어놓을 정도로 너무 가까울 필요도 없습니다. 불가근불가원(不可近不可遠)의 거리를 지키면 됩니다.

이럴 때는 교사가 학부모와 아이에 대한 것만 이야기하려 한다는 걸 분명하게 보여주는 게 좋습니다. 학부모가 교사의 사적

인 생활에 대해 궁금해하는 경우는 적당히 선을 그어주시는 게
좋습니다. 이런 질문이 불편하다고, 부드럽지만 정확하게 말하
는 겁니다. 이건 어디까지나 지극히 개인적인 부분이니까요.

학부모: 선생님, 아 참, 지난번에 ○○마트에서 뵀는데요.
혹시 대한동 사세요? (교사가 인지하지 못한 상황을 언급한다.)

교사: 아, 저를 마트에서 보셨군요. 저는 못 뵀는데요. 으음,
이건 제가 이런 자리에서 답변하기가 살짝 마음이 불편하
네요. 양해 부탁드립니다. (부드럽게 선 긋기) 그럼 아이 이야기
다시 할게요. (아이 이야기로 돌아가기)

학부모: 선생님, 이런 이야기해도 되는지 모르겠는데요. 저
희 수민이가 선생님이 남자친구랑 같이 학교 근처 카페에
자주 가신다더라고요. 어디 자주 가세요? 저도 좀 가보려
고요. (교사의 사적인 생활을 언급한다.)

교사: 아, 수민이가 그런 말을 했군요. 어머니, 이런 부분은
굳이 답변드리고 싶지 않습니다. (부드럽게 선 긋기) 저는 수민
이 학교생활에 대해서만 이야기하고 싶습니다. 수민이 학
교생활에 대해서 더 궁금하신 게 있을까요? (아이 이야기로 돌
아가기)

이런 식으로 몇 번 부드럽게 선을 그어주시면 됩니다. 학부모도 교사의 단호한 모습을 여러 번 경험하면 쉽게 선을 넘지 못합니다. 처음에 얼버무리거나 말끝을 흐리면서 당황스러워하면 학부모는 교사가 어떤 점에서 불편해하는지 모를 수 있습니다. 몇 번 연습해두셨다가 비슷한 상황이 생겼을 때 부드럽지만 단호하게 말씀하시는 게 좋겠지요.

무심코 반말을 섞어서
말하는 학부모

통화할 때마다 반말하는 학부모가 있습니다. 피할 수도 없고, 이야기를 안 할 수도 없고 마음이 불편해요. 어떻게 말해야 제 마음을 잘 전달할 수 있을까요?

대부분 이런 경험이 한두 번은 있으실 겁니다. 상대가 처음부터 끝까지 반말로 이야기하면 정색하면서 하지 말라고 할 텐데, 그게 아니고 살짝 섞어서 하는 정도면 더더욱 말하기 애매할 겁니다.

제가 서른쯤 되었을 때 일입니다. 반에 나이가 지긋한 학부모가 있었습니다. 그때 우리 학년에는 11개의 학급이 있었습니다. 학급당 학생 수가 40명 남짓했으니, 천 명 가까운 학부모가 있었던 셈입니다. 이분은 그 많은 학부모 중에서도 나이가 가장 많았습니다. 학교 일에도 관심이 매우 많으셔서, 학기가 시작되자마자 학교로 찾아오셨습니다.

솔직히 처음 얼굴을 마주한 순간부터 부담스러웠습니다. 저희 어머니보다 나이가 많으셨으니까요. 이 어머니는 특히 학교에 오셔서 아이 이야기를 나누는 걸 좋아했습니다. 좋든 싫든 이분이 오시면 하던 일을 멈추고 이런저런 이야기를 나누곤 했습니다. 그런데 어느 순간부터 대화하는 게 찜찜하고 불편해졌습니다.

"아니, 그러니까 내가 아까 얘기했잖아요. 우리 세민이는 숙제 많은 거 정말 싫어한다니까. 세민이 입장에서 생각해보면 답은 뻔하지."

이런 식으로 어느 순간부터 학부모가 반말을 하고 있었습니다. 하지만 굳이 학부모에게 말하지는 않았습니다. 어쩌다가 반말이 튀어나왔겠지, 단순한 실수였겠지, 다음엔 안 그러겠지, 혼자 이렇게 저렇게 생각하곤 했습니다. 물론 상황은 달라지지 않았습니다.

고민 끝에 하루는 선배 선생님들에게 고민을 털어놓았습니다. 선생님들 의견은 저마다 달랐습니다. 어떤 선생님은 똑같이 말을 놓으라고 했고, 어떤 선생님은 학교에 못 오게 핑계를 대라고 했고, 어떤 선생님은 아예 말을 섞지 말라고 하셨습니다.

고개를 끄덕끄덕하긴 했어도 어느 것도 좋은 답은 아니었습니다. 늦게 얻은 귀한 아들 이야기를 듣고 싶어서 학교에 오는 걸 뻔히 알면서 오지 말라고 할 수도 없었고, 주름진 얼굴을 보면서 똑같이 말을 놓는 건 더 어려웠습니다. 결국 솔직하게 말하기로 마음먹었습니다.

> **교사** : 어머니, 학교 오셔서 이렇게 세민이 이야기 나누면 좋으시지요?
>
> **학부모** : 그럼, 좋지. 우리 세민이가 얼마나 어렵게 얻은 아들인데…. (학부모가 반말로 대답한다.)
>
> **교사** : 어머니, 저도 세민이 이야기 나누는 건 좋은데요. 마음에 걸리는 게 하나 있어요. 이야기해도 될까요? (말문 열기) 어머니랑 이야기하다 보면 마음 한편이 자꾸 불편해져요. 저에게 반말로 이야기하시는 부분이 마음에 걸려서요. (교사의 마음 설명하기) 제가 어머니보다 나이는 어리지만, 저는 세민이 담임으로 이 자리에 앉아 있는 거고, 어머니도 학부모로 학교에 오시는 거잖아요. 담임교사에게 학부모가 반말을 섞어서 하는 건 아닌 것 같아요. (부드럽게 선 긋기) 저를 교사로 존중해서 말씀해주시면 좋겠습니다. (기대하는 것 말하기)
>
> **학부모** : 어…. 아이고, 음….

어머니는 당황스러워하다가 말을 꺼냈습니다.

학부모 : 선생님, 제가 죄송합니다. 제가 자식 생각만 앞서서 선생님께 말을 함부로 했네요. 앞으로는 그런 일 없도록 신경 쓰겠습니다.

말하면서도 속으로는 걱정했습니다. 혹시라도 언짢아하거나 되려 언제 반말했냐고 하면 어떻게 하지, 하고 말입니다. 하지만 제 우려와 다르게 어머니는 정말로 깍듯하게 사과하셨습니다. 이 일이 있고 나서도 비슷한 일이 몇 번 있었지만, 그때마다 부드럽게 말씀드렸습니다.

교사 : 어머니, 저랑 지난번에 존중 표현 쓰시기로 약속하셨잖아요.
학부모 : 아 참, 그랬지. 아니, 그랬지요. 허허허, 죄송해요. 선생님.

특별한 사정이 없는데도 처음 만난 자리부터 무례하게 말하는 학부모는 드뭅니다. 반말하는 학부모라 해도 보통은 한두 번 대화를 나누어보고, 이쪽에서 별 반응을 보이지 않으면 그때부턴 반말을 섞어서 합니다. 처음엔 90대 10의 비율로, 그러다가 80대 20, 나중엔 50대 50처럼 점점 말을 편하게 하는 비율이 높아지죠.

인간관계에선 선을 넘을 때 한 번에 훌쩍 뛰어넘지는 않습니다. 무례한 행동이라는 걸 알기 때문입니다. 보통은 한두 번 슬쩍 금을 밟아보다가 상대가 반응하지 않으면 그땐 제대로 선을 넘습니다. 이걸 정확하게 알아차리는 게 중요하겠지요. 학부모가 반말을 하는 것은 교사가 어느 정도 허용하고 묵인했기 때문일 수 있습니다. 저 역시 처음에 반말하는 걸 알면서도 모르는 척 넘어갔듯이요.

부드럽게 선을 긋는 표현을 제때 못 했어도 괜찮습니다. 언제든지 교사가 허용하는 선이 어디까지인지 알려주고, 그걸 반복해서 되새기듯 말해주면 됩니다. '나는 이 정도의 선은 허용해. 하지만 이 이상은 안 돼'라는 걸 분명하게 짚어주는 겁니다.

위 대화처럼 선을 부드럽게 긋되, 내가 원하는 것이 무엇인지 구체적으로 이야기하세요. 존중받지 못하는 대화에선 불편함이 남을 수밖에 없습니다. 더 솔직하게 말하면, 교사가 허용하는 선이 어디까지인지 말해주지 않는다면, 어떤 학부모는 그 선이 어디에 있는지 관심조차 없답니다.

지나치게 화를
크게 내는 학부모

교실에서 친구들과 자주 싸우는 아이가 있습니다. 아이를 지도하는 것도 힘들지만, 더 힘든 건 아이의 부모와 대화하는 일입니다. 전화할 때마다 제 잘못처럼 화를 내면서 이야기하는데, 정말 불편해요.

"그러니까, 그걸 왜 우리 애더러 사과하라고 하세요? 학교에서 일어난 일이잖아요. 학교에서 일어난 일이면 학교가 알아서 할 일이지, 왜 가정에 책임을 떠넘기나요? 선생님이 책임 회피하려고 하는 거 아니에요?"

전에 제가 상담했던 어느 초등학교 교사가 학부모에게 들었던 말입니다. 3년 차 교사였던 이 선생님은 학교폭력위원회가 열릴 뻔한 일을 겪으면서 가해 학생의 부모에게 이런 말을 들었습니다. 선생님이 어떤 마음으로 저를 찾아왔을지 상상하고도 남았습니다.

요즘은 이 학부모만 그런 게 아닙니다. 이야기가 조금이라도 길어지면 화를 못 참고 상대방에게 쏟아내듯 말하는 사람들도 있습니다. 아무 상관도 없고, 잘못도 없는 상대에게 마구 쏟아내고는 본인은 아무렇지 않은 척, 쿨한 척합니다. 화낸 사람이야 그때 미안했어, 라고 하면 끝나겠지만, 듣는 사람 입장에선 봉변을 당한 셈이 되지요.

분노에는 여러 가지 유형이 있지만, 우리가 주목해야 할 것은 두 가지입니다.

첫째, 위협에서 오는 분노입니다. 자신의 목숨이나 안전을 위협하는 상황에서 분노하는 경우입니다. 이건 생존이 위협받는 상황에서 오는 분노입니다. 누가 날 위협하고 괴롭힐 때 '음, 그렇구나, 나에게 위험한 상대네' 정도로 낙관한다면 생존에 아무런 도움이 안 되겠죠. 이때 분노하는 것은 생존을 위한 정상적인 반응입니다.

둘째, 좌절에서 오는 분노입니다. 자신이 품은 기대에 못 미치는 행동을 상대가 하거나 원하는 결과가 아닌 일이 벌어졌을 때 일어나는 분노입니다. 밖에서는 한없이 친절하고 부드러운 사람이 집에선 별것 아닌 일에도 불같이 화를 내는 경우를 보신 적이 있을 겁니다. 이게 바로 좌절에서 오는 분노의 예입니다.

| 속마음 |

난 가장이고 이 집안을 먹여 살리는 사람이야, 그런 내가 집에 왔으면 당연히 달려와서 인사해야 하는 거 아니야?

이건 직급이 높고 권력을 가진 사람이 그렇지 않은 사람에게 화를 자주 내는 경우에도 똑같이 적용됩니다. 굳이 그렇게까지 화를 내지 않아도 될 일에 화를 크게 내는 사람들이 간혹 있는데, 이런 사람과 이야기를 깊이 나눠보면 알 수 있습니다. 이런 사람은 자신이 세운 기준에 상대의 행동이 미치지 못하면 그대로 폭발해버립니다. 이들은 자신의 분노가 정당하다고 철석같이 믿습니다.

| 속마음 |

나는 극진한 대접을 받아야 하는 사람이야. 내가 얼마나 대단한 사람인 줄 알아? 너희들이 뭔데 감히 나와 다른 생각을 품어? 가만두지 않겠어.

학교나 교사에게 학부모가 화를 내는 경우는 어떤 분노에 해당할까요? 제가 경험했을 때 대부분은 좌절에서 오는 분노였지만, 때로는 위협에서 오는 분노도 있었습니다.

> **학부모** : 당신들 내가 내는 세금으로 월급 받잖아요. 거기 딱
> 기다리시오. 지금 당장 변호사 대동하고 쫓아갈 테니까.

제가 실제로 받았던 전화의 일부입니다. 어떻게 된 일인지 한참 조사 중이던 사안이었는데, 나중에 부모와 한 시간 가까이 면담한 후에야 알 수 있었습니다. 이 아버지는 아이가 혹여 학교폭력위원회에 이름이 올라갈 것을 걱정하고 있었습니다. 말하자면 아이의 안전에 위협이 되는 상황이라고 생각했기 때문에 화를 낸 것이었지요.

그런가 하면, 좌절에서 오는 분노도 있습니다.

> **학부모** : 1학년 학부모인데요. 선생님이 우리 아이가 체육
> 시간에 치마 입고 온다고 친구들 앞에서 혼을 냈어요. 우리
> 애는 레이스 달린 치마가 편합니다. 각자 원하는 옷을 입을
> 자유도 없습니까? 1학년 선생님이 공개적으로 애한테 망
> 신을 줬다고요.

이 역시 제가 직접 받았던 전화입니다. 이 말에 들어 있는 논리는 이렇습니다. '교사라면 이 정도(체육 시간에 치마를 입는 행동에 대한 용인)는 해줘야 한다. 나를 좌절하게 만들었으니, 이 일에 나는 분노할 권리가 있다.' 즉, 교사가 기대에 못 미치는 행동을 했

으니, 학부모인 자신이 분노하는 일은 당연하다는 것입니다. 기대에 못 미친 것에 대한 분노이지요.

분노의 유형이 이렇다면 그에 맞게 대응할 필요가 있겠지요. 앞서 변호사를 대동하고 쫓아오겠다고 화를 냈던 학부모에게는 긴 면담을 하면서 아이의 안전이 위협되지 않는다는 부분을 명확하게 이야기했습니다.

> **교사** : 아버님, 아이가 이 일로 낙인이 찍히는 일은 없습니다. 저희는 교육자들이고 교육을 하는 사람들이에요. 아이를 낙인찍고 힘들게 지내도록 할 리 없잖아요. 저희는 아이가 친구들과 잘 지낼 수 있게 최선을 다해 함께 도울 겁니다. 학교를 믿고 교사들의 지도에 따라주세요. (아이가 안전할 거라는 사실 강조하기)

두 번째 사례는 교사의 생각을 존중해달라고 정중하게 말씀드리는 걸로 이야기를 마무리했습니다.

> **교사** : 교사는 체육 시간에 운동복을 입는 게 치마를 입는 것보다 안전하다고 생각했을 겁니다. 이건 교사가 교육자로서 판단한 것인 만큼 그 판단을 존중해주시면 좋겠습니다. (부드럽게 선 긋기) 하지만 아버지께서 전화를 주셨으니, 이

부분은 선생님과도 이야기 나누어보겠습니다. (상대의 감정을 존중하기)

이 두 가지 사례에서 알 수 있듯이, 학부모가 화를 내면 그게 위협에서 온 화인지, 기대에 못 미쳐서 온 화인지 판단하는 게 먼저입니다. 위협에서 온 화라면 아이가 안전함을 강조하는 게 좋고, 기대에 못 미쳐서 온 화라면 잘못된 기대에 대한 선을 부드럽게 그어주시는 게 좋습니다.

어떤 화인지 이성적으로 판단한 다음 유형에 맞게 적절하게 대응하는 것이지요. 분노하는 사람에게 똑같이 화로 맞서는 해결이 안 됩니다. 이들에겐 분노하는 원인이 생존이냐, 좌절이냐 하는 만큼 몹시도 절박하고 심각한 일입니다. 누군가 이 화를 억지로 꺾으려 든다면 생존에 위협이 되는 만큼 죽기 살기로 싸우려 할 겁니다. 그 과정에서 상처받는 이가 누굴까요? 화를 내는 사람일까요, 화를 감당할 사람일까요?

늦은 시간에
연락하는 학부모

늦은 시간에도 연락하는 학부모가 있습니다. 아이 문제로 꼭 할 이야기가 있다면서 일과 이후에 연락이 옵니다. 학부모와 문자를 주고받다 보면 점점 길어지고 이야기가 많아지는데, 어떻게 대처해야 할지 잘 모르겠습니다.

전에 선생님 한 분이 저에게 학부모와 주고받은 문자를 보여주신 적이 있습니다. 이 선생님은 학부모와 저녁 8시 40분에도 문자를 주고받고 있었습니다. 주로 이런 내용이었습니다.

학부모
선생님, 오늘 저희 지수가 학교에서 친구들하고 트러블이 있었다고 하던데, 정확하게 어떻게 된 일인지 알고 싶습니다.

8:40 PM

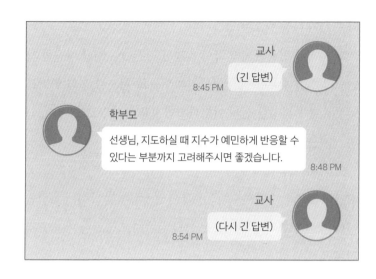

교사
(긴 답변)
8:45 PM

학부모
선생님, 지도하실 때 지수가 예민하게 반응할 수
있다는 부분까지 고려해주시면 좋겠습니다.
8:48 PM

교사
(다시 긴 답변)
8:54 PM

학부모와 교사가 이런 대화를 계속하다 보니, 늦은 시각까지
문자를 주고받고 있었던 겁니다. 교사가 정성스럽게 답변하고
학부모의 이야기를 주의 깊게 들어준 점 등은 인상적이지만, 장
기적으로 봤을 때 긴 답변이나 문자 주고받기 등을 저녁 시간에
하는 것은 그다지 바람직하지 않습니다.

아이가 집에 가서 학교에서 있었던 이야기를 전할 때는 정확
하고 객관적으로 말하기 어렵습니다. 교사는 이 부분을 늘 고려
하고 있어야 하며, 이 부분까지 고려해서 학부모의 연락에 차분
하게 대응해야 합니다. 학부모가 교사에게 설명을 듣고 싶은 사
안이 분초를 다툴 정도로 긴박한 사안이라면 늦은 시간에도 연
락하는 게 맞습니다. 그렇지 않다면 굳이 늦은 시간까지 학부모

와 이야기 나눌 필요는 없습니다.

학기 초에 정확하게 연락이 가능한 시간대와 연락 가능한 사안의 범위를 학부모에게 이야기해주세요. 문자나 전화 연락도 학부모에게 적정한 선이 어디까지인지를 알려주고, 그 선을 연중 지키는 게 좋습니다.

이 한계는 학기 초에 말해주는 게 좋습니다. 학기가 시작되고 시간이 흐른 다음에야 "늦은 시각에 연락하시면 답변이 어렵습니다"처럼 말한다면 학부모는 자칫 서운하고 불편한 마음을 가질 수도 있습니다.

최근 대기업에서 근무하는 학부모가 초등 교사는 8시긴만 일하는 거냐, 왜 연락이 안 되냐고 맘카페에 글을 올린 일이 있습니다.[8] 교사가 8시간을 일하는 게 아니라, 공무원이라면 누구나 오전 9시에 출근, 점심 1시간 휴게, 18시에 퇴근합니다. 교사는 점심시간에도 학생들을 지도해야 합니다. 이 시간은 교사에게는 휴게 시간이 아니고 일을 하는 시간입니다.

학교 밖에서는 학교의 이런 사정을 잘 모를 수 있습니다. 학기 초 학부모 총회나 학부모 상담 주간에 미리 이 부분을 명확하게 설명하고, 이를 존중해서 지켜달라고 강조하고 교사 역시 연중 정한 원칙을 지키는 게 좋습니다. 간단하게 안내장을 보내서 설명할 수도 있습니다.

안내장

3-1반 학부모님들께

안녕하세요. 3-1반 담임입니다. 새학기 시작되고 얼마 되지 않아 여러 가지로 걱정이 많으시지요. 학교에서는 아이들이 교사와 함께 다양한 적응 활동을 하고 있지만, 아마 아이가 어떻게 지내는지, 잘 있는지, 친구하고는 사이 좋게 지내는지 등이 궁금하실 겁니다.

학교에서는 학부모 상담 주간에 직접 대면, 이메일 상담, 전화 상담 등 다양한 상담을 준비하고 있습니다. 궁금하신 내용이 있으면 학부모 상담 주간에 상담하면서 이야기 나누시면 돼요.

그 밖에도 아이의 학교생활에 대해 궁금한 부분이 있거나 교사에게 꼭 연락을 하고 싶은 상황도 있을 거예요. 그럴 때는 아이들 수업이 끝난 2시 반 이후부터 퇴근 전인 4시 반까지 하*톡으로 연락주시면 됩니다. 이외 시간은 교사가 다음 날 수업을 준비하거나 개인적인 일을 하는 때이니, 연락이 어렵습니다. 이 부분 배려하고 존중해주시면 좋겠어요.

학교로 꼭 연락해야 할 상황

• 다음 날 등교가 어려운 경우
 - 갑자기 열이 나거나 아픈 경우
 - 법정 전염병이나 감염병에 걸린 경우
 - 가정의 애경사(결혼식, 장례식, 교외 체험학습 등)에 참여하는 경우

• 교사의 사실 확인이 긴급하게 필요한 경우
 - 학교폭력 등의 사건이 아이에게 일어난 경우
 - 아이 몸에 갑작스러운 멍이 생긴 경우

이런 일이 아니라면 일과 시간에 연락을 주세요. 원칙적으로 전에 안내해드린 교육부 고시 및 우리학교 학생생활 규정에 따라 사전에 합의되지 않은 상담 등은 거부될 수 있으니, 꼭 미리 연락주셔야 합니다. 우리 아이들이 함께 행복한 2024년이 되도록 최선을 다하겠습니다.

- 담임교사 ○○○ 드림

너무 멀지도
가깝지도 않은 거리 찾기

저는 고양이를 한 마리 키웁니다. 미오라고 부르는 두 살배기 작은 코숏입니다. 미오는 얼마 전에 출판한 책 《마스터M과 교과서 대모험》 시리즈의 주인공이기도 합니다. 손바닥만 한 아주 작은 새끼 때 저희 집 마당으로 제 발로 걸어들어왔고, 얼결에 키우게 됐습니다.

처음 미오를 만났을 때만 해도 너무 조그맣고 어려서 분유를 먹여야 했습니다. 배고프다고 울어대서 어쩔 수 없이 새벽에도 세 시간에 한 번씩 일어나서 분유를 먹여야 했습니다. 밥도 주고 간식도 먹이고, 이제는 같이 잠도 잡니다. 저에겐 둘도 없는 소중한 반려동물이지요.

　미오를 키우면서 알게 된 것이 하나 있습니다. 고양이에겐 평소엔 바깥으로 드러나지 않는 발톱이 있습니다. 기분 좋을 땐 보들보들하고 한없이 부드러운 털 속에 얌전하게 숨겨져 있지만, 미오의 발톱은 사실 언제든 튀어나올 준비가 돼 있습니다. 갑작스레 미오의 발톱이 튀어나오면 어김없이 제 팔이며 다리며 손등이며 할 것 없이 새빨갛게 상처가 생깁니다. 상처가 생겼을 때 재빨리 소독약을 바르지 않으면 미오 발톱에 할퀸 상처는 잘 낫지도 않습니다.

　미오의 발톱, 어디서 많이 본 거 같지 않으신가요? 저는 학부모의 거센 민원이 고양이의 발톱을 닮았다고 생각합니다. 학부모 민원에 교사의 마음이 한번 상처 입으면 잘 낫지도 않고, 곧바로 조치를 하지 않으면 두고두고 트라우마로 남습니다. 안전에 위협이 되는 상황이라고 생각하면 언제든 반사적으로 튀어나올 수 있는 고양이의 발톱, 우리가 책에서 살펴본 여러 사례와 정말 닮지 않았나요?

　고양이에게서 발톱이 언제 튀어나와도 하나도 이상하지 않듯이, 학부모에게선 언제든 민원이 들어올 수 있고, 그 민원이 가끔은 거칠다 못해 교사에게 상처를 주기도 합니다. 중요한 것은 그럴 수 있다는 것을 아는 것과 모르는 것은 하늘과 땅만큼이나 차이가 난다는 것입니다.

이런 일이 벌어질 거라는 걸 짐작하지 못한 상태라면 모든 게 다 당황스럽고, 어찌해야 할지 몰라 무섭기만 합니다. 하지만 언제고 그럴 수 있다, 마음먹은 다음은 이야기가 다릅니다. 무방비 상태로 당하는 것과 어느 때든 나의 안전을 위해 대비하고 있겠다, 생각하는 것은 전혀 다릅니다. 정말로 많이 다릅니다.

미오와 잘 지내기 위해 저는 어떻게 해야 할까요? 미오에게 발톱이 있으니까 매일같이 몸을 보호대로 감싸고 있을까요? 아니면 미오가 언제든 할퀼 수 있는 못된 고양이니까, 연을 끊고 내다 버려야 할까요?

저는 미오에게 발톱이 있다고 해서 미오를 미워하지도 않고, 싫어하지도 않습니다. 내가 이렇게 잘해주는데 왜 번번이 발톱을 세우냐고 야단하지도 않습니다. 온몸을 보호대로 무장하지도 않습니다. 그저 고양이에겐 꽤나 날카로운 발톱이 있다는 것과 그 발톱에 다치지 않으려면 내가 먼저 적당한 거리를 두어야 한다는 걸 몸으로 마음으로 정확하게 알 뿐입니다.

저는 여전히 미오가 좋고, 앞으로도 좋을 겁니다. 처음엔 어떻게 해야 할지 몰라 여러 차례 시행착오를 거쳤지만, 지금의 저는 미오와 잘 지내기 위해 무엇보다 적당한 거리를 두는 것을 잊지 않습니다. 너무 가깝지도, 너무 멀지도 않은 서로에게 적당한 편안함을 유지하는 것입니다. 미오가 좋아하는 간식도 주고, 때가 되면 같이 잠도 자지만, 제가 좋아한다고 해서 아무 때나 만지지 않을 거고, 같이 놀고 싶다고 해서 마구 약을 올리지도 않을 겁니다.

학부모가 언제 어느 때고 민원을 넣을 수 있다고 해서 학부모를 너무 멀리할 필요는 없습니다. 학부모는 감사와 만족을 표현하기도 하고, 불편함을 민원이라는 형태로 표현하기도 합니다. 학부모가 고마워한다고 해서 교사가 마냥 자만할 일도 아니고, 학부모가 불편해한다고 해서 교사가 자책할 일도 아닙니다.

교사는 때로는 학부모가 보여주는 친절과 호의에 감사해하기도 하고, 때로는 학부모가 불편해하는 일에 도움을 주기도 하면서 함께 걸어가는 것입니다. 서로 빤히 마주 보는 그런 불편함이 아니라 같은 방향을 보면서 나란히 걷는 겁니다. 말 그대로 적당한 거리를 유지하면서 말입니다.

5장

~~~

교사를 난처하게 하는
상황별 대처법

아이에게 무심하고
방임하는 학부모

아이가 친구들하고 다툼이 있었어요. 부모님에게 연락을 드리려고 했는데, 아무리 해도 연락이 안 되더라고요. 부모 모두 평소에도 문자를 보내도 답이 없고, 아이에게 무심해요. 이럴 땐 어떻게 해야 할까요?

반에 아이가 스무 명 있다면 스무 명 모두 다른 환경과 형편에서 살아갑니다. 부모도 모두 성향이 다르고, 가치관도 다릅니다. 아이의 모든 걸 부모가 간섭하면서 과잉으로 보호하는 부모가 있다면, 아이에게 무심하고 방임하는 부모도 있습니다. 아이가 학교에서 무엇을 하든 관심이 없고, 가정에서도 아이와 대화하지 않는 경우입니다. 부모가 너무 바빠서 아이를 잘 챙기지 못하는 경우도 있습니다.

가정 형편이 어떻든 학교에서는 아이에게 불편한 문제가 생기는 경우가 종종 있습니다. 이럴 경우, 부모와 연락이 안 된 상태에서 아이를 지도한다면 교사는 심리적 부담이 클 수밖에 없습니다. 그렇다고 해서 아이를 그대로 내버려두면 더 큰일이 벌어질 수도 있습니다.

이 경우에도 너무 염려하지 말고, 교사는 교사의 일을 다 해두는 게 좋습니다. 아이를 지도한 내용과 과정을 기록으로 남기고, 학부모에게 협조를 구한다는 전화와 문자를 보내는 겁니다. 교감이나 교장, 생활업무 담당자 등에게도 구두로라도 보고해서 학교에 상황을 미리 알리는 것도 중요합니다.

다른 사례에서 살펴봤듯이 교사가 학생을 지도하고 상담한 내용을 기록으로 남겨두는 건 어떤 상황에서도 도움이 됩니다. 교사와는 연락이 잘 안 돼도 아이는 부모를 만납니다. 아이 편에 부모님과 상담을 원한다는 말을 전하거나 편지를 보내는 방법도 있습니다.

지우 어머니, 안녕하세요. 지우 담임입니다. 지우와 함께 한 시간이 벌써 세 달이 넘어가네요. 지우는 학교에서 특히 수학을 재미있어 하고, 문제도 곧잘 풉니다. 학기 초에 비해 실력이 많이 늘었어요. (아이에 대한 긍정적인 이야기로 대화 시작하기)

오늘 드릴 말씀은 어머니와 꼭 통화하고 싶었는데, 연락이 되지 않아서 부득이하게 편지로 드립니다. 지난주와 이번 주에 어머니에게 세 번 연락드렸습니다만, 연락이 안 됐어요. (갑작스럽게 연락하지우가 수아랑 말다툼이 좀 있었습니다. (누가) 수요일 2교시 수학 수업 시간에(언제) 모둠 활동을 하던 중에 벌어진 일입니다. (무슨 일이 있었나) 지우가 수아에게 큰 소리로 화를 내면서 싸웠습니다. 지우와 이 부분에 대해서 방과 후에 이야기를 나누었습니다. (교사의 지도 내용) 사실은 지우가 요즘 수아뿐 아니라 다른 친구들에게도 자꾸 화를 내고 싸우는 일이 있어서 담임교사로서 이 부분이 염려됩니다. 아마 어머니께서도 이 점 충분히 이해하실 거라고 믿습니다. (육하원칙에 근거해서 사안 설명하기)

어머님과 이야기를 나누고 싶은데, 아이들 수업이 끝난 2시부터 업무가 끝나기 전인 4시 이전에 상담이 가능한 시간을 몇 개 알려주세요. 최대한 맞춰보겠습니다. 직접 오기 어려우시면 이 편지에 답장을 보내주셔도 되고, 전화로 이야기 나누어도 괜찮습니다. 통화 가능한 시간 알려주시면 전화드리겠습니다. (원하는 것 말하기)

저는 설명을 위해 일부러 자세하게 적었지만, 이렇게까지 자세하게 쓰지 않아도 됩니다. 할 말만 간단하게 추려서 육하원칙에 근거해서 전달해도 됩니다. 대신 이 경우에도 본론으로 바로 들어가는 것보다 인사말 삼아 부드럽게 아이의 긍정적인 이야기로 시작하는 게 좋겠지요.

교사가 아이를 지도한 과정과 내용, 일시, 사안 등을 글로 충분히 설명하고, 학부모의 협조가 필요한 부분은 정리해서 전달하세요. 필요한 경우, 가정방문이나 상담 요청 등 더 깊이 들어가는 사안으로 진행될 수 있으니, 학교 관리자에게도 미리 말해두시고요.

이와는 별개로 교사에게 꼭 당부드리고 싶은 이야기가 있습니다. 심리학에서 유명한 회복탄력성 실험이라는 게 있습니다. 1950~70년대 하와이 카우아이섬에서 한 연구입니다. 이 시기 이 섬의 주민 대다수가 범죄자나 알코올 중독자 혹은 정신질환자였다고 합니다. 미국의 학자들은 1955년 이 섬에서 출생한 신생아 833명이 18세가 될 때까지 종단 연구를 했습니다.

40년 동안 연구를 맡았던 심리학자 에미 워너 교수는 뜻밖의 사실을 발견합니다. 이 833명 가운데 좀 더 열악한 환경에서 자란 201명을 살폈는데, 그중 72명은 보란 듯이 훌륭하게 성장한 것입니다. 무려 3분의 1의 아이가 말입니다. 똑같이 열악하고 가난한 환경에서 자라는데 왜 어떤 아이는 훌륭하게 크고, 왜 어떤 아이는 범죄자가 되는 걸까요?

비밀은 단순했습니다. 어떤 형편이나 환경에서도 아이를 무조건 믿어주고 응원해준 사람이 한 사람만 있어도 아이는 잘 자라났습니다. 에미 워너는 이 힘을 회복탄력성(resilience)이라고 불렀습니다.

더도 말고 덜도 말고 정말로 딱 한 사람의 사랑만으로도 아이는 바르게 성장합니다. 정말 놀랍지 않나요. 자기조절능력, 대인관계능력, 긍정성은 아이의 자존감을 만들고, 자존감은 곧 누군가의 온전한 사랑에서 비롯됩니다. 무심하고 방임하는 부모에게만 기댈 게 아니라 따뜻하고 온전한 한 인간으로 잘 성장할 수 있도록 교사가 아이를 사랑으로 바라보려 노력해야 하는 이유입니다.

때로는 부모에게 연락이 안 돼서 답답하고, 또 때로는 아이가 온갖 말썽을 부려서 속상할 때도 있을 겁니다. 하지만 적어도 담임하는 동안은 아이에게 기댈 수 있는 편안한 안식처 같은 곳이 되어주면 좋겠습니다. 1년은 짧으면 짧고 길면 긴 시간입니다. 적어도 나와 함께하는 1년이란 시간만큼은 내가 책임지고 사랑한다는 마음으로 아이를 바라봐주신다면 그 아이도 온갖 어려움을 딛고 훌륭하게 성장할지도 모릅니다. 그렇다면 우리는 교사로서 우리가 해야 할 최선을 다한 것이지 않을까요.

건강 등의 이유로
아이가 못 미더운 학부모

4학년 담임을 하고 있는데요. 제가 볼 땐 평범한 아이인데도, 학부모님은 아이가 영 못 미덥다는 듯이 말합니다. 아이를 못 미더워하다 보니, 제가 하는 말도 잘 듣지 않고, 혼자 생각한 것으로 모든 일을 판단하려 합니다. 이런 학부모와는 어떤 식으로 이야기하는 게 좋을까요?

보통의 부모 눈에는 아이가 못 미덥기 마련입니다. 자신의 자녀만 유독 부족해 보이고, 못나 보일 수도 있고요. 그러면서도 한편으로는 "우리 애는 착하고 성실해요"라고 말하는 학부모가 대다수인 걸 보면 부모 마음은 본래 이중적인지도 모릅니다.

아이를 못 미더워하는 마음이 지나치면 아이가 학교에서 하는 활동을 불신하기 쉽습니다. 자칫 교사까지 함께 뭉뚱그려 판단하기도 합니다. "선생님, 그래 봐야 달라지지도 않던데요"라고 말하기도 합니다. 열심히 아이들을 지도하는 교사 입장에서는 속상한 말이지만, 이런 말을 듣는 경우도 많이 보았습니다.

이런 학부모들이 주로 하는 걱정은 몇 가지 유형으로 나뉩니다. 어떤 것에 해당하는지 유심히 이야기를 들어볼 필요가 있겠지요.

| 신체적인 우려 |

- 아이가 어렸을 때 병을 앓아서 부모가 애를 태운 경우
- 아이가 어렸을 때부터 몸이 약한 경우
- 아이가 큰 사고를 겪은 경우
- 운동이나 체육 활동을 싫어하고 힘들어하는 경우

학부모 : 선생님, 저희 애가 다한증이 있어요. 유난히 땀이 많고 더워서 더운 날 땀 흘리는 그런 일은 잘 못해요. 힘들어하면 저희 아이는 따로 그늘에서 쉬게 해주실 수 있을까요?

| 정서적인 우려 |

- 아이가 유난히 겁이 많은 경우
- 아이가 소심하고 극도로 내성적일 경우
- 아이가 원만하게 사회생활을 하기엔 자신감이 많이 부족한 경우
- 아이가 적응에 어려움을 크게 느낀 경우

- 아이가 유난히 짜증이 많고 신경질적인 경우
- 외동인 아이가 사춘기에 접어들어 달라진 모습에 부모가 낯설고 어색한 경우

학부모 : 선생님, 저희 애가 겁이 너무 많고 소심해서 방과후 교실 가는 것을 무서워해요. 선생님이 직접 데려다주시는 건 너무 힘들까요?

| 가정 상황의 우려 |

- 현재 부모의 이혼이 진행되는 경우
- 편부나 편모 등 한부모 가정인 경우
- 조손 가정인 경우
- 다문화 가정인 경우
- 외국이나 타지에서 온 지 얼마 안 돼 가족 전체가 적응하느라 애쓰는 경우

학부모 : 선생님, 저희가 사실은 별거 중입니다. 엄마, 아빠가 같이 있는 다른 가정과는 사정이 많이 다릅니다. 과제랑 준비물이 있으면 선생님이 저희는 따로 연락을 주시면 좋겠어요.

| 관계적인 우려 |

- 친구 사귀는 데 특별히 어려움을 많이 겪는 경우
- 중학년 이상인데, 친구에게 먼저 다가가서 말 거는 걸 어려워하는 경우
- 친구가 없고 주로 혼자서 노는 경우
- 주말이나 휴일에도 따로 만나는 친구가 없는 경우

학부모 : 선생님, 저희 아이는 친구 문제로 힘들어할 때가 많았거든요. 아이가 친구들하고 잘 어울릴 수 있도록 선생님이 저희 아이를 데리고 쉬는 시간이나 점심시간에 놀아주시면 어떨까요? 그러면 아이들이 선생님 곁으로 모여들거고, 그럼 아이도 친구가 저절로 생길 것 같아요.

위의 예는 모두 실제 사례입니다. 이 중엔 제가 학부모에게 들었던 것도 있습니다. 처음 들었을 때 어떻게 교사에게 이런 것까지 요구하지, 생각했는데 지금은 비슷한 말을 들어도 놀라진 않습니다. 세상엔 정말로 다양한 사람이 있고, 다양한 걱정이 있고, 다양한 요구가 있습니다. 이건 교사가 교직 생활을 하는 내내 경험할 수밖에 없는 불변의 진리입니다.

'어떻게 나한테 이런 걸 요구해?'라고 생각하면 교사는 계속해서 스트레스를 받게 됩니다. 그런 학부모는 앞으로도 계속해

서 만날 거니까요. 그보다는 차라리 학부모에게 신뢰를 확실하게 주고, 빨리 문제에서 벗어나는 쪽이 낫습니다.

아이가 예로 든 모습을 자주 보이면 학부모는 아이의 학교생활을 못 미더워하게 됩니다. 자신이 직접 본 게 아니어서 걱정되고 불안한 겁니다. 이때 교사는 학부모가 어느 지점을 고민하는지를 이야기 나누고, 적극적으로 이 우려를 덜어내야 합니다. 아이와 대화할 수 있을 정도의 지적 수준이 있고, 가정이 붕괴된 정도의 특수한 상황이 아니라면 교사가 노력하는 부분은 어떻게든 전달되기 마련입니다. 그러면 학부모의 신뢰가 생각보다 쉽게 회복된다는 걸 느끼실 수 있을 겁니다.

예를 들어보겠습니다. 특별히 소심하고 내성적이어서 친구들과 편하게 어울리는 걸 힘들어하는 아들을 걱정하는 부모와 이야기하는 경우입니다.

> **학부모**: 선생님, 저희 민우는 너무 소심하고 내성적이에요. 친구하고 떠들고 장난치는 것 좀 보고 싶을 정도예요. 시끄러운 소리만 나도 피하고, 그런 자리는 아예 가려고 하지도 않아요. 남자애니까, 그런 것도 좀 견디고 해야 하는데, 친구들이 싫어할까 봐 정말 걱정입니다.
>
> **교사**: 어머니, 민우가 소심하고 내성적인 부분이 있긴 해요. (상대가 한 말 그대로 되짚어 하기) 어머니 눈에는 아마 더 못 미

더워 보일 수도 있어요. (상대의 감정 존중하기) 어머니가 민우에게 걱정하는 건 정확하게 어떤 건가요? (상대가 원하는 것과 상대가 걱정하는 지점 확인하기)

학부모 : 친구들하고 못 어울릴 거 같아서 걱정돼요.

교사 : 아, 친구들 문제로 힘들어하게 될까 봐 걱정이시군요. (상대의 말 그대로 되짚기) 이 시기 아이들은 친구 문제로 다들 조금씩은 힘들어해요. 민우만 그런 게 아니에요. (아이의 보편성 강조하기) 저는 교사라 아이들을 객관적으로 관찰할 수밖에 없습니다. 그동안 민우 또래 아이들을 많이 봐오기도 했고요. (교사의 전문성이나 경험 언급하기) 민우는 제가 볼 때 학교에서 잘 지내고 있어요. 모둠 활동도 잘하고, 친구들하고 제법 잘 어울리고, 쉬는 시간에도 그렇고요. 이 부분도 알고 계시나요? (안심할 수 있는 구체적인 사례 말하기)

아이의 보편성을 강조하되, 부모가 걱정스러운 것이 무엇인지 정확하게 짚어주는 것입니다. 부모가 걱정하는 부분이 현실에서는 특별히 문제가 되지 않음을 짚어주면 학부모의 불안감도 서서히 사그라듭니다. 학부모의 말을 주의 깊게 들었다가 그 불편해하는 지점을 정확하게 안심시켜 주세요. 이걸 몇 번만 반복해도 눈에 띄게 불안감이 줄어드는 것을 느끼실 수 있을 겁니다.

친구를 괴롭히는
공격적인 아이의 학부모

2학년 담임입니다. 교실에 친구들과 자주 싸우는 아이가 있습니다. 말다툼으로 끝날 때도 있지만, 가끔은 가슴을 쓸어내리게 하는 위협적인 행동을 하기도 합니다. 학부모 상담 주간에 학부모를 만나서, 아이들이 무서워한다는 말씀을 드렸지만, 소용없었습니다. 우리 애도 억울하다는 학부모에게 어떻게 이야기해야 할지 모르겠더라고요.

공격적인 행동을 자주 하는 아이는 친구들이 자신을 무서워한다는 사실을 이미 잘 압니다. 친구들을 건드리거나 귀찮게 해도 아이들이 자신에게는 큰 피해를 줄 수 없다는 것 또한 잘 알고 있습니다. 저는 이걸 아이가 그동안 경험적으로 터득한 힘의 원리라고 이야기합니다.

이런 아이가 교실에 있으면 교사로서는 여러 가지 고민을 할 수밖에 없을 겁니다. 이 아이 주변에 숱한 문제가 생길 수밖에 없으니까요. 저도 비슷한 상황에서 상당히 애를 먹었던 적이 있습니다. 제 눈에서 벗어나기만 하면 곧장 친구를 때리거나 지나가는 동생들을 괴롭히거나 했던 아이가 있었거든요. 이 학부모를 만났을 때 저도 똑같은 말을 들었습니다.

"선생님들도 다 우리 애한테만 화내요. 선생님들은 우리 애가 그냥 지나가기만 해도 때렸다고 생각하시더라고요. 저희도 억울해요. 아이가 하도 혼나기만 하니까, 학교에서 전화 오면 기분이 정말 안 좋습니다."

처음엔 이 말이 이기적으로 들렸습니다. 하지만 여러 날을 곰곰이 생각해보니 부모로서는 어떤 상황에서도 자녀를 편들고 싶을 거라는 생각이 들었습니다. 그렇게 생각을 바꾼 다음엔 학부모와 협력해서 아이를 잘 지도하는 게 더 중요하다는 쪽으로 마음을 먹게 됐습니다. 그해 저는 이 아이를 지도하는 데에 성공했고, 아이의 행동은 놀랄 정도로 개선되었습니다. 부모님 두 분이 학년 말에 교실로 찾아오셔서 함께 울고 가셨답니다.

아이가 평소에 말썽을 자주 부린다면 부모는 학교에서 전화만 와도 가슴이 철렁 내려앉습니다. 학교에 대해 갖는 마음이 마냥 좋지는 않습니다. 이런 경우일수록 학부모가 아이 지도에 대해 나 몰라라 하는 식으로 체념해버리거나 아이의 이야기만 듣고 잘못을 시인하지 않는 경우가 많습니다. 그래서 한마디 한마디 조심해서 주의 깊게 말하는 게 좋습니다.

교사 : 어머니, 항상 재윤이가 먼저 수혁이를 놀리더라고요. 수혁이가 못 참고 한마디하면 재윤이가 욱 해서 먼저 때리고, 그럼 수혁이도 맞서고요. 항상 재윤이가 먼저 시비를 걸어서 문제예요. (교사의 견해를 말하고 있다.)

교사 : 어머니, 어제 아침 자습 시간에 재윤이와 수혁이가 말다툼을 했어요. 주변에 수진이, 미연이 둘이 있었는데, 재윤이가 수혁이를 '멍청이'라고 놀리는 말을 먼저 했다고 해요. (육하원칙에 근거해 사실만 설명하기) 다행히 큰 싸움으로 번지지는 않았지만, 재윤이와 수혁이 둘 다에게 똑같이 주의를 주고 앞으로는 그러지 말라고 지도했습니다. (교사의 지도 과정과 지도 내용 설명하기)

친구를 놀리는 일이 이번 달에 두 번째입니다. 지난주 수학 시간, 어제 아침 자습시간, 이렇게 두 번이에요. 학교에선 주의를 주었으니, 가정에서도 이 부분 재윤이와 충분히 이야기 나눠보시고, 지도 부탁드립니다. (학부모에게 바라는 것 말하기)

교사가 학부모에게 아이의 부정적인 면에 대해서 말할 때는 비난이나 험담을 하는 것처럼 느껴지지 않도록 주의해야 합니다. 그렇지 않으면 학부모는 선생님이 우리 애만 잘못했다고 이야기한다는 식으로 교사를 오해합니다.

아이의 부정적인 면을 말할 때는 육하원칙에 근거한 객관적인 사실만 전달하세요. 아이에 대한 비난이나 나쁜 면을 말하려는 게 아니라 다른 학생을 지도할 때도 똑같이 지도하고 있음을 강조해서 말하세요.

특히 비슷한 일이 다음에 벌어졌을 때도 같은 방식으로 지도하겠다고 약속하고, 그대로 지도하셔야 합니다. 지도 방식이 일관되지 않고, 이랬다가 저랬다가 하면 학생도 학부모도 교사에게 믿음을 못 갖습니다. 아무리 공격적이고 폭력적인 학생이라도 교사가 학부모와 함께 협력해서 꾸준하게 일관된 방식으로 지도하면 점점 문제 행동이 개선되면서 눈에 띄게 나아집니다.

특별 대우를 요구하는
도움반 학부모

반에 도움반 친구가 있습니다. 또래 아이보다 여러 가지로 부족하지만, 그래도 밝게 웃는 모습이 예쁜 아이예요. 아이와 함께하는 것은 괜찮은데, 학부모가 힘들어요. 학교에서 일어나는 모든 일을 알고 싶어 하고, 모든 일에서 아이만을 위한 특별 대우를 요구합니다.

전에 청각 장애가 있는 2학년 아이를 담임했던 적이 있습니다. 인공와우를 착용했지만, 늘 씩씩하고 밝은 아이였습니다. 친구들과 어울려서 까불고 장난치는 것도 좋아하는 아이였습니다.

어느 날 방과 후에 사건이 일어났습니다. 그날도 아이들끼리 방과 후에 잡기놀이를 했던 모양입니다. 보통 때 같으면 누구 하나 울고 미안하다면서 끝났을 일이 그날은 커졌습니다. 이 아이가 빗자루로 친구를 때렸는데, 빗자루가 얼굴을 스치고 가면서 다른 아이 얼굴에 생채기가 난 겁니다.

평소 하던 것처럼 양쪽 집에 자초지종을 설명하고, 서로 사과하도록 이야기했습니다. 얼굴이 긁힌 아이 쪽에서 큰 상처가 아니긴 해도 얼굴에 상처 난 건 마음이 불편하다고 하더군요. 아이의 집에도 전화를 걸었습니다. 설명을 듣던 아이의 아버지가 갑자기 학교에 오겠다고 하시더군요. 제 앞에 앉는 아버지의 표정이 상당히 언짢아 보였습니다.

> **교사** : 이러저러한 일이 있었습니다. 평소에도 지민이가 빗자루나 막대기 같은 걸로 다른 친구들을 때리는 일이 종종 있어요. 아무리 아이들이 어리다고 해도 오늘처럼 얼굴에 상처가 나면 상대 아이 집에선 마음이 안 좋습니다. 이런 일 없도록 주의를 주셨으면 합니다.

최대한 정제해서 말했다고 생각했지만, 아이 아버지는 이렇게 말했습니다.

> **학부모** : 선생님, 저희 아이는 때려도 됩니다.

잘못 알아들은 건가 해서 다시 물었습니다.

> **교사** : 어… 제가 방금 잘못 들은 거죠? 아버님, 혹시 저희 아이는 때려도 된다고 하셨나요?

학부모 : 맞습니다, 선생님. 저희 지민이는 다른 아이를 때려도 됩니다.

교사 : 네에? 때려도 된다고요?

학부모 : 지민이는 청각 장애가 있지 않습니까. 지민이는 친구들의 표현을 잘 알아듣지 못하니까, 오해가 생길 수 있습니다. 지민이는 말도 어눌하고 다른 친구들에게 생각도 제대로 전달하지 못하는데, 억울한 상황이 생기면 어떻게 합니까. 때리기라도 해야죠.

교사 : …아버님, 그걸 다른 부모들도 똑같이 받아들일까요? 지민이한테 맞을 때마다 "지민이는 청각 장애가 있으니까 그냥 맞아주셔야 돼요"라고 제가 설명한다면 그걸 어떻게 이해하지요?

그러자 아버지는 열변을 토하듯이 지민이가 그동안 학교에서 겪어온 어려움을 이야기했습니다. 청각 장애가 있는 아이들이 학교에서 겪는 공통적인 어려움, 헬렌 켈러도 공격적인 행동을 했다는 이야기, 인공와우 착용의 불편함, 그리고 친구들의 따가운 시선 등을 말입니다.

다 들은 다음 이렇게 말씀드렸습니다.

교사 : 아버님, 여러 가지로 걱정 많으시다는 거, 오늘 좀 더

깊이 이해했습니다. (상대의 감정 존중하기) 이건 약속드릴게요. 제가 담임교사로 아이들을 맡은 이상 지민이는 물론이고 모든 아이가 건강하고 안전하게 학교에서 공부하다가 집에 보내도록 노력할 겁니다. 그렇기 때문에 누군가가 지민이를 괴롭히는 것도 안 되지만, 지민이가 친구들을 괴롭히는 것도 안 돼요. 제가 담임인 교실에선 저를 비롯해서 누구도 폭력은 안 됩니다. (아닌 행동에 부드럽게 선 긋기)

저에게 지민이를 맡겨주신다면 최선을 다해서 모든 아이가 안전하게 지내도록 지도하겠습니다. 아버님, 부족하겠지만 교사인 저를 믿고 지민이를 맡겨주세요. (바라는 것 말하기)

물론 간단히 끝날 이야기는 아니었기 때문에 저는 이날 지민이 아버지와 두 시간 가까이 이야기했습니다. 내가 담임으로 아이들을 가르치는 동안 폭력은 누구도 안 된다, 그게 지민이든 아니든 마찬가지다, 수십 번을 똑같이 이야기했습니다. 결국엔 아버지도 고개를 끄덕이시고, 지민이를 잘 부탁한다고 하고 가셨습니다.

그 일이 있고서도 비슷한 일이 몇 번 있긴 했지만, 전보다 지도할 때 마음이 편했습니다. 시간이 흐르면서 때리고 장난치는 일도 자연스레 없어졌고요.

장애가 있는 아이의 부모는 다른 사람이 짐작하기 어려울 정도로 마음의 짐이 무겁습니다. 장애가 있는 아이를 키우면서 겪어왔을 어려움은 그렇지 않은 이들은 짐작하기조차 어렵습니다.

전에 청각 장애 학생들만 다니는 학교의 학부모를 대상으로 강의를 한 적이 있습니다.

"선생님, 청각 장애가 있다는 게 어떤 건지 아시나요? 우리 애들이 어떤 아이들인지 아시는지 묻는 겁니다."

한 학부모가 강의를 시작하기도 전에 묻더군요.

"제가 어떻게 다 안다고 할 수 있겠습니까. 다만 청각 장애가 있는 아이를 가르친 적이 있기 때문에 짐작은 할 수 있을 것 같습니다" 하고 부드럽게 대답했습니다. 사실은 그때 그 질문이 얼마나 날카롭게 들렸는지 모릅니다. 처음 만나는 강사에게 그렇게 물을 정도면 담임교사에게는 얼마나 많은 이야기를 하고 싶을까, 생각했습니다.

장애가 있는 아이의 학부모는 여러 가지 면에서 예민하고 불안해하고 걱정스러워합니다. 아이가 학교에서 피해를 입진 않을까, 혹시라도 누가 괴롭히진 않을까, 늘 전전긍긍합니다. 교사가 학부모에게 절대적인 신뢰를 줘서 안심시키지 않는다면 이런 대화는 반복될 수밖에 없습니다.

이런 경우, 학부모와 교사 사이의 충분한 신뢰가 쌓인 다음 교사가 기대하는 지도 방향에 대해서 이야기하시는 게 좋습니다. 학부모가 교사의 말을 믿고 지도에 따른다는 확신이 생기기 전에 아이의 부정적인 면을 강조해서 이야기하면 학부모의 마음에 있는 불안감과 피해의식이 교사나 학교를 향해서 공격적으로 튀어나올 수도 있습니다. 이 부분 꼭 염두에 두셔야겠지요.

학교와 집에서
다르게 행동하는 아이의 학부모

학교에서는 장난꾸러기인데, 집에 가면 의젓한 아이가 있어요. 아이와 얘기해보니까, 부모님이 엄하셔서 집에선 학교에서처럼 장난을 못 친다더라고요. 집에서 억눌린 감정을 학교에 와서 푸는 모양이에요. 그런데 이걸 이야기하면 학부모가 그럴 리 없다면서 믿지를 않아요. 어떻게 말해야 할까요?

오래전에 존경하는 선배 선생님 한 분이 이런 말을 해주셨습니다.

"아이는 믿는 게 아니라, 있는 그대로 사랑하는 거야."

이 말을 처음 들었을 땐 '교사가 어떻게 아이를 안 믿나, 아이를 믿어야 가르치지?' 하고 생각했습니다.

시간이 흐르면서 아이들을 많이 만나고 가르치다 보니, 이 말이 전적으로 맞는 말이라는 걸 깨닫게 됐습니다. 심지어 교사가 아이를 마냥 눈에 보이는 그대로만 믿고 있다가는 정말로 큰코다치는 일도 생깁니다.

전에 6학년을 담임했을 때, 우연히 아이들이 야동을 돌려봤다는 사실을 알게 됐습니다. 돈을 받고 친구들에게 야동을 빌려준 아이도 있다는 걸 알고는 까무러치게 놀랐습니다. 아이의 부모에게 곧바로 전화해서 사실을 알렸습니다. 그랬더니 "선생님, 아니에요. 그럴 리 없어요. 선생님이 잘못 아셨을 거예요. 저희 애는 그런 거 하고는 정말 거리가 멀어요"라고 하시더군요. 아이는 이미 돈을 받고 친구들에게 야동을 팔았는데도요.

"올해는 아이들이 다 착해요"라고 말하는 선생님들을 가끔 만납니다. 섣불리 아이들이 착하다, 사고 칠 리 없다, 마음 놓지 않는 게 좋습니다. 아직 안 그랬을 뿐, 말도 안 되는 엄청난 일은 얼마든지, 언제든지, 어느 교실에서나 일어날 수 있습니다. 그게 아이들이니까요. 아이들은 본래 어른을 놀라게 하는 존재입니다. 이런 까닭에 교사는 아이를 있는 그대로 바라보려 노력하고, 아이의 있는 모습 그대로를 사랑하려고 애써야 합니다.

아이는 나름의 상황에 맞는 모습으로 그때그때 바뀌가며 살아갑니다. 때로는 부모의 기대를 저버리지 않는 착한 아들딸의 모습도 있고, 또 때로는 학교에서 하기 싫은 일도 묵묵히 하는 모습도 있습니다. 아이들이 친구들에게 보여주는 모습, 교사에게 보여주는 모습, 집에서 보여주는 모습은 다 다를 수 있습니다. 저학년일수록 이 모습이 일치되기 쉽지만, 학년이 높아질수록 점점 겉으로 드러나는 모습과 속에 숨겨둔 모습이 달라질 수 있습니다. 사회적인 정서가 발달할수록 남의 시선을 의식하게 되고 다른 사람의 평가에 신경을 쓰고, 눈치를 보기 때문이지요.

저는 이게 바로 교사 앞에서는 쓰레기를 잘 줍는 아이가 집에 갈 때는 아무렇지 않게 쓰레기를 버릴 수 있는 이유라고 생각합니다. 그렇지 않다면 학교 앞 문구점에 왜 그렇게 쓰레기가 많을까요. 학교에 버려지는 쓰레기보다 문구점 앞 쓰레기가 훨씬 많다는 사실에 저는 가끔 혀를 찹니다.

이걸 저는 다른 책에서 이렇게 표현했습니다.

"아이들의 모습은 정이십면체쯤 됩니다. 교사가 모르는 아이의 모습이 있고, 부모가 모르는 아이의 모습이 있고, 친구들만 아는 아이의 모습이 있습니다."

이제 학부모 입장에서 생각해볼까요? 학부모는 자신이 아는 아이의 모습만을 철석같이 믿습니다. 아이를 키우면서 믿어오고 아는 모습과 다른 모습이 있다는 걸 어떻게 쉽게 믿을까요? 오히려 사실을 말하는 교사에게 거짓을 말한다고 하지 않을까요?

학부모는 내 아이에 대한 굳은 신념이 있습니다. 이걸 교사의 말 몇 마디로 바꾸기란 현실적으로 매우 어렵습니다. 그보다는 '아, 내가 모르는 일이 있을 수도 있어. 선생님 말이 사실일 수도 있겠어'처럼 받아들이게 하는 쪽이 쉽습니다.

아이의 지난 학교생활에 대한 구체적인 기록을 모아두는 것입니다. 아이와 어떤 일로 얽혔든 관련이 있는 주변 학생들의 자필 진술서를 받고, 교사의 실질적인 지도 내용, 아이와 직접 관련이 없는 교과전담 교사의 행동 관찰 내용, 보건교사나 상담교사의 진술 등 아이와 접점이 있을 만한 거의 모든 사람의 진술을 받는 겁니다. 아이 자신에 대한 진술을 포함해서요.

특히 대화할 때 교사 자신의 의견을 먼저 말하기보다는 다른 교사들의 의견을 먼저 확인하게 한 다음 마지막에 교사의 의견을 덧붙이듯이 말하는 것이 더 효과적입니다. 교사가 아는 것과 부모가 아는 것의 차이를 좁히기 위해 귀납적인 방법을 쓰는 겁니다.

- 전담교사도 이렇게 말했다.
- 보건교사, 상담교사도 이렇게 말했다.
- 주변 아이들도 이렇게 말했다.
- 그러니, 이 말이 맞다.

이런 식이 되는 겁니다. 이런 객관적인 데이터를 충분히 확보하기 전에는 학부모와 섣불리 대화하는 건 좋지 않습니다. 학부모는 자신이 아는 아이의 모습을 기준 삼아서 모든 걸 판단하기 때문에 콩으로 메주를 쑨다고 해도 믿지 않습니다.

저는 이때 급한 마음에 야동 문제를 학부모에게 전화로 알렸습니다. 학부모가 아니라고 한사코 우기니까, 나중엔 뭐라 반박하기도 어려웠습니다. 제가 이때 아이들 진술서를 모두 받은 다음에 학부모에게 진술서를 보여주면서 말했다면 어땠을까요? 얘기가 또 달랐겠지요.

이렇게 객관적인 자료를 내밀면서 말해도 "머리로는 이해하는데, 가슴으로는 못 받아들이겠어요"라고 말하는 분도 있습니다. 이런 자료조차 없다면 무슨 이야기를 어떻게 할 수 있을까요. 앞에서 연습한 것처럼 육하원칙으로 정리한 다음, 잘 준비된 상태에서 대화하시는 게 좋겠지요.

학부모에게 아이의 학교생활 전달하기

구체적인 사례로 연습해볼게요.

| 상황 1 |

아이가 야동을 친구들에게 돈을 받고 팔았다. 어머니에게 전화로 사실을 얘기했으나, 당황스러워할 뿐 믿지 않는 눈치이다. 교사는 학부모에게 학교로 와 달라고 이야기했고, 학부모와 마주했다.

교사 : 어머니, 바쁘실 텐데 학교까지 오시게 했네요. 여러 가지로 놀라셨지요? (상대의 감정 존중하기) 이번 일은 저도 솔직히 많이 놀랐어요. (상대에게 공감하기)

어머니, 어떻게 된 일인지 자료를 보면서 설명해드릴게요. (준비한 자료를 근거로 객관적인 사실만 육하원칙에 따라 설명하기)

보건 선생님하고 상담 선생님 말씀도 들어볼게요. (다른 교사들의 객관적인 이야기 말하기)

어머니는 이 일을 어떻게 보시나요? (상대에게 의견 말할 기회 주기)

학부모 : ….

교사 : 아이들이 어리다 보니, 호기심에 이런 일을 할 수는 있습니다. 하지만 보건 선생님 말씀처럼 자칫 이 일로 다른 아이들에게 잘못된 성적 가치관을 심어줄 수도 있어요. 상담 선생님 말씀처럼 이 일은 상담을 받으면서 함께 이야기 나누는 게 좋을 것 같습니다. 앞으로 이런 일이 없도록 가정에서 함께 협조해서 지도해주셨으면 합니다. (교사의 의견은 맨 마지막에 말하기)

| 상황 2 |

A는 평소 주의력 결핍 등으로 상담실에서 지속적으로 상담받고 있다. A는 같은 반 친구인 B에게 게임 아이템을 사느라 용돈을 다 써버렸다. A는 용돈이 빨리 떨어진 것을 부모가 이상하게 여기고 있다는 이야기를 상담교사에게 털어놓았다. 상담교사는 담임교사에게 이 사실을 알렸다.

1. 담임교사가 준비해야 할 자료는 무엇인가요?

_____

_____

2. 주변인 진술은 누구에게 받아야 할까요?

_____

_____

3. 학생에게는 어떤 지도를 해야 할까요?

_____

_____

_____

4. 담임교사의 입장이 되어, 학부모에게 말할 내용을 글로 써보세요.

_____

_____

_____

학교에서 자주 혼나는
아이의 학부모

교실에서 친구들과 자주 다투는 아이가 있습니다. 학부모님께 전
화를 안 하려고 해도 어쩔 수 없이 자꾸 하게 되네요. 그런데 전화
할 때마다 우리 아이도 똑같은 피해자라고 하시면서 자꾸 변명을
합니다. 결국 전화하는 게 불편하고 꺼려집니다. 어떻게 해야 할
지 잘 모르겠어요.

전에 교실에 친구들과 자주 싸우고, 걸핏하면 주먹이 먼저 나
가서 친구를 때리고 욕하는 아이가 있었습니다. 하는 수 없이 아
이의 부모를 함께 만났습니다. 제 딴에는 교실에서 아이가 하는
행동을 도저히 이해할 수 없어서 참다못해 만났는데, 엄마 아빠
나란히 앉으셔서는 저와 상담하는 내내 자기 아이야말로 억울
하다고 이야기하시더군요.

학교에서 자주 혼나는 아이들의 부모를 만나 보면 이런 경우
가 많습니다. 가정에서 아이를 잘 지도해주십사 최선을 다해 부
드럽게 말씀드리면 자신의 아이도 똑같이 억울하고, 똑같은 피

해자라고 항변하지요. 흥미로운 건 이분들의 말을 주의 깊게 들어보면 말로만 하는 게 아니라 실제로도 그렇게 믿고 있다는 겁니다.

학교에서 벌어지는 아이들 싸움이란 논리적인 차원이 아닐 때가 훨씬 많습니다. 딱히 뭐라 말하기도 어려울 정도로 시시한 이유로 싸우기도 하기 때문에 누가 먼저고 나중이고 하는 것이 크게 의미가 없는 다툼일 경우도 많고요. 그런가 하면 언제 그랬냐 싶게 또 같이 노는 게 아이들입니다. 아이들은 비논리적인 싸움을 하는데, 어른들은 논리적인 지도를 하려 하니, 지도가 어려울 수밖에 없습니다.

이런 학부모와 이야기할 때는 교실에서 허용이 가능한 것과 그렇지 않은 것의 경계를 명확하게 말해주는 게 좋습니다. 그렇지 않으면 계속해서 이런저런 핑계를 대면서 같은 말을 반복합니다. 이를테면 다른 아이들도 장난치지 않나, 우리 애만 그러는 거 아니다, 우리 아이가 일부러 그랬다기보다는 정당방어에 가까운 것이다, 때리는 게 나쁜 행동이라는 걸 알고는 있지만 우리 아이는 어리지 않나, 아이니까 그랬다고 생각해달라, 처럼요.

핑계를 대면서 아이의 행동에 책임지지 않으려는 학부모에게 할 수 있는 말들을 정리해보았습니다. 몇 가지 사례로 나누어서 살펴볼게요.

교사 : 어머니, 지우가 짝꿍인 수민이랑 수학 시간에 싸웠습니다. 나중엔 큰 소리로 화내면서 짝꿍인 수민이 책을 집어 던져서 수민이도 울었어요. 지우가 수민이한테 화낸 게 한 두 번이 아니어서요. 이 부분은 가정에서 지도해주셔야 할 것 같아요.

학부모 : 아, 그래요. 지우가 수민이랑 싸웠다고만 이야기해서 그런 줄 알았어요. 근데 선생님, 지우도 수민이한테 등 꼬집혔다고 하던데요. 수민이가 먼저 지우 귀찮게 하니까, 지우도 그런 거죠. 지우가 괜히 화냈을 리가 없잖아요. (친구 핑계를 대고 있다.)

교사 : 네, 맞습니다. 어머니 말씀처럼 수민이와 지우 둘 다 서로 똑같이 야단도 맞고 혼도 났어요. 그런데 어머니, 지금 저는 수민이 이야기를 하려고 전화드린 건 아니에요. 지우 이야기를 하려고 전화드렸어요. 수민이 이야기는 수민이 엄마랑 할 거예요. 지우 엄마한테는 지우 이야기만 드릴게요. (대화의 목적 분명히 하기)

수민이가 지우를 꼬집었다는 부분은 제가 확인해서 그에 맞게 수민이는 수민이대로 같은 일 생기지 않도록 꼭 지도하겠습니다. (수민이 문제와 지우 문제 사이에 선 긋기) 하지만 지우가 수민이에게 화를 내거나 소리 지르는 부분은 지우가 잘못한 부분이에요. 어머니가 지우에게 이 부분은 함께 이야기 나눠주셨으면 합니다. (기대하는 것 말하기)

| "아이가 어려서 그래요." |

교사 : 맞아요. 어머니. 아이들이 다 어려서 그래요. 지우도 수민이도 어려서 아직 몰라서 그래요. (상대의 말 있는 그대로 존중해주기)

그런데 어머니, 아시지요? 아무리 어려도 친구 사이에선 지켜야 할 선 같은 게 있어요. 이 선을 가르쳐주는 게 부모나 교사의 역할인 것 같아요. 때리는 건 안 돼요. 어떤 경우에서도 안 됩니다. (안 되는 행동에 부드럽게 선 긋기)

저는 수민이도 지우도 서로 싸우거나 때리지 않고 평화롭게 문제를 해결하는 걸 배우길 바랍니다. 가정에서 이 부분 협조 부탁드려요. (기대하는 것 말하기)

| "장난으로 그랬어요." |

학부모 : 선생님, 아이들이 장난으로 그런 건데, 굳이 이렇게까지 해야 하나요? 아이들끼리 그럴 수도 있죠.

교사 : 네, 어머니, 장난으로 그랬을 수도 있겠네요. (상대의 말 있는 그대로 존중하기) 그런데 어머니, 아무리 아이들이어도 장난으로 허용되는 선 같은 게 있어요. 장난으로 허용되려면 그건 상대도 똑같이 웃으면서 받아줄 수 있어야 해요. 하지만 이 경우 수민이는 허용해주지 않았어요. 그럼 그건 지우한테만 장난인 거죠. (교실에서 가능한 것과 아닌 것 구분해서 말해주기) 이 부분 여럿이 함께 생활하는 학급에서는 반복해서 지도할 수밖에 없습니다. 가정에서도 협조 부탁드립니다. (바라는 것 말하기)

학생을 지도할 때도 똑같습니다. 허용 가능한 선과 그렇지 않은 선을 명확하게 가르쳐주고, 그 선을 넘는 행동에는 단호하게 야단하시는 게 가장 효과적입니다. 이 선을 일관되게 지도하고, 똑같은 방식으로 꾸준하게 반복해서 지도하면 결국 선을 넘는 행위가 점점 줄어들면서 문제 행동이 사그라들게 됩니다.

교실에서 허용이 가능한 선은 간단합니다. 행동이나 말이 다른 사람에게 피해를 주지 않아야 합니다. 장난이 누군가에게 피해를 줬다면 그것은 이미 장난이 아닙니다. 장난을 넘어서면 그때부터는 정도의 문제일 뿐 사실은 모두 폭력입니다.

이 부분을 학부모, 학생 모두에게 강조해서 지도해주셔야 합니다. 저는 '남에게 대접받고 싶은 대로 행동하라'는 이 황금률

을 커다랗게 출력해서 교실 벽에 붙여놓거나 책받침으로 코팅
해서 나눠주고 틈날 때마다 강조해서 가르치곤 했습니다.

6장

~~~

내 마음
다치지 않게 챙기는 법

상처 입은 교사가
기억해야 할 것들

선생님, 제가 너무 못나고 부족해서 이런 일이 벌어진 거 같아요.
저는 교사로서 자격이 없습니다. 학교 다니는 것도 무섭고, 아이
들 보는 것도 힘들고, 학교를 그만두려고요.

경력 2년 차 어느 초등 선생님의 말입니다. 제가 만났을 때는
이미 이 선생님은 학교를 그만두기로 마음을 먹은 다음이었습
니다. 선생님이 이렇게까지 힘들어하게 된 데에는 주변의 시선,
학부모의 불신, 학교 관리자의 냉담함, 학생들의 말썽 등 여러
사건이 겹쳐 있었습니다.

모든 일의 시작은 학급에서 벌어진 학교폭력 사안이었습니
다. 선생님 반에 있던 A와 B가 놀다가 다툼이 있었고, A 때문에
B가 팔에 멍이 들었습니다. B의 엄마는 곧장 학교에 찾아왔고,
일이 이렇게 된 건 아이들을 방치한 담임교사의 책임이 가장 크

다면서 공개 사과를 요구했습니다. A를 비롯한 다른 친구들의 사과와 학교 측의 진심 어린 사과도 포함해서요.

처음엔 순순히 사과하겠다고 했지만, A 학부모는 중간에 입장을 바꾸어 A도 똑같이 피해자라고 말했습니다. 담임교사는 양쪽 학부모 사이에서 점점 힘들어졌습니다. 어렵게 몇 달을 끌던 일은 아이들이 상급 학년에 올라가면서 끝이 났지만, 선생님의 마음은 이미 피폐해질 대로 피폐해진 뒤였습니다. 제가 전에 겪었던 일과 매우 흡사하지요. 그래서 저를 찾아오셨던 겁니다.

제가 만났던 상처 입은 선생님들은 이런 일이 있을 때 자신에게 모든 책임을 돌리곤 했습니다.

"이건 제가 못나서 그런 거예요. 제가 조금만 더 야무지게 잘했어도 이렇게까지 되진 않았을 거예요."

"학부모가 사과를 요구할 때 어떻게 해야 할지 몰라서 우물쭈물했어요. 그런 저 자신이 너무 싫어요."

이렇게 말입니다. 저는 그 마음을 잘 압니다. 저도 학부모에게 상처받았을 때 똑같이 그랬으니까요. 하지만 이런 일은 누구에게나 어느 교실에서나 언제든 일어날 수 있습니다. 선생님이 못나고 부족해서가 아니라 이건 어느 교실에서나 일어나는 수많은 일 중 하나입니다.

제가 이런 교사들을 상담할 때 가장 마음 아픈 건 선생님들 자신은 못 느끼지만, 이미 트라우마가 돼버린 경우가 많다는 것입니다. 상처가 났을 때 제대로 치료하지 않으면 속이 아물지 않은 상태로 겉만 낫는 경우가 있습니다. 비슷한 일을 겪으면 아직 덜 아문 상처가 덧나버립니다. 평소 같으면 괜찮을 일도 한번 놀라고 데인 다음엔 겁이 나고 눈물이 납니다. 저도 한동안 학부모 그림자만 봐도 무섭고 떨렸습니다.

이럴 때 선생님이 꼭 기억해야 할 것은 두 가지입니다.

자책하지 않기
생각 곱씹지 않기

안타깝지만, 자책도 버릇입니다. 담임교사가 아이들의 모든 순간에 함께할 수도 없고, 모든 일에 개입할 수도 없습니다. 교사의 눈이 미치지 못한 순간, 상황, 조건에서 뜻밖의 사고가 생길 수 있습니다. 선생님이 아니라 다른 사람이었어도 어쩔 수 없는 일도 있는 겁니다. 나의 최선을 다했다면 그걸로 됐다고 마음을 단단히 먹으세요.

생각을 곱씹지 마세요. 외부의 자극에 쉽게 상처받는 사람들은 혼자 있을 때 우울한 생각을 곱씹는 경향이 있습니다. 나쁜 생각을 곱씹는 것은 상처 난 곳에 소금물을 뿌리는 것과 똑같습니다. 약을 발라도 모자란데 말이지요. 이 역시 과감하게 그 생각에서 돌아서야 합니다. 생각의 굴레에서 빠져나오는 건 누가 해줄 수 있는 게 아닙니다. 선생님 스스로 해야 하는 일입니다.

저도 학부모 일로 상처받았을 때 '왜 나한테 이런 일이 벌어졌을까' 생각하고 또 생각하고 또 생각했습니다. 제가 생각을 거듭한다고 해서 상황이 달라지는 것도 아니고, 그 사람이 갑자기 친절해지지도 않았습니다. 그런데도 그랬습니다. 그러다가 어느 순간 제가 습관처럼 나쁜 생각을 곱씹는다는 걸 깨달았습니다. 그 깨달음이 없었다면 저는 아마 또 다른 삶을 살지 않았을까 싶기도 합니다.

그동안은 자책하면서 나쁜 생각을 곱씹었다면 앞으로는 선생님 자신을 위한 위로의 말을 스스로에게 반복해서 들려주세요.

저는 학교로 되돌아가기까지 '이 일은 내가 아니라 다른 교사였어도 마찬가지였을 거다. 내가 교사로서 못나서가 아니다. 나는 나의 최선을 다했다'라는 말을 마음속으로 수천 번은 되뇌었습니다. 지금도 저는 마음이 지칠 때마다 "나는 나의 최선을 다했다. 그걸로 충분하다"라고 혼잣말하곤 합니다.

선생님에게도 이런 위로의 말이 있어야 합니다. 나와 가장 많은 대화를 나누고, 가장 많은 이야기를 들려주는 것은 다른 누구도 아닌 나 자신입니다. 내가 나를 내팽개치고, 나 몰라라 하면 누가 나를 돌볼까요. 부디 교사들이 상처받고 교단을 떠나는 일이 더는 없었으면 좋겠습니다. 이 글이 선생님에게 위로와 힘으로 가닿기를 간절히 바라봅니다.

아동학대법 그리고 1395

요즘 아동학대법을 '우리 아이 기분상해죄'라고 부른다는 이야기를 들은 적이 있습니다. 그만큼 교사를 심리적으로 압박하고 부담스럽게 만드는 것이 바로 아동학대법률이지요.

아동학대법은 정확하게는 아동학대범죄의 처벌 등에 관한 특례법입니다. 여기에서 말하는 아동은 만 18세 미만의 모든 청소년을 대상으로 합니다. 고등학생을 포함하는 것이지요. 2014년 1월 28일에 만들어진 이 법률은 아동학대 범죄를 처벌하고, 그 절차에 관한 특례와 피해 아동에 대한 보호 절차 및 아동학대행위자에 대한 보호 처분을 규정한 것입니다. 구체적으로는 아동이 건강한 사회 구성원으로 성장하도록 돕기 위해 만든 법률입니다.

아동학대법은 크게 세 가지를 목적으로 한다는 걸 알 수 있습니다.

첫째, 아동학대 범죄가 발생하지 않도록 강하게 처벌한다.

둘째, 아동학대 범죄가 발생하면 곧바로 조치한다.

셋째, 아동을 대상으로 발생할 수 있는 여러 학대에서 아동을 보호한다.

아동학대가 발생했다는 것을 인지하면 즉시 신고하는 게 원칙입니다. 만약 신고를 미루면 기관장이 500만 원 이하의 과태료를 물어야 합니다. 아동을 학대로부터 보호하는 것은 당연한 일입니다. 교육기관인 학교와 교육 당사자인 교사는 더 말할 것도 없이 아동을 보호하고 지켜야 합니다.

문제는 교사가 하는 생활지도에 대해서도 무분별하게 학부모들이 아동학대로 신고하는 현실입니다. 실제 아동학대 처벌 건수는 학부모가 압도적으로 많지만, 교사들 역시 아동학대로 신고당할 것을 두려워합니다. 교사들의 정당한 생활지도마저 위축되어온 것이지요.

보건복지부 발표에 따르면 2021년 아동학대 사례 3만 7,605건 중 부모가 원인인 것은 83.7%, 친인척은 4%였습니다. 즉, 87.7%가 가족이 한 아동학대였습니다. 유치원 교직원은 0.4%, 초·중·고 교직원은 2.9%에 불과했고요. 2018년부터 2022년까지 4년 동안 아동학대로 신고를 당한 교직원은 모두 6,787명이었습니다. 이 가운데 범죄 행위가 성립되지 않아 수사기관에서 종결 처리한 건은 5,924명이었고, 최종적으로 검찰이 기소한 인원은 110명이었습니다. 비율로 따지면 약 1.6%였습니다.[9]

이제 정당한 교육 활동과 학생지도는 아동학대로 보지 않습니다.

다행히 2023년 12월에 아동학대법에 대한 개정안이 발의됐고, 통과됐습니다.[10] 핵심은 유아교육법과 초·중등교육법에 따른 교원의 정당한 교육 활동과 학생 생활지도는 아동학대로 보지 않도록 한 것입니다. 교원이 아동학대로 신고됐을 경우에도 수사기관은 반드시 해당 교사가 소속된 교육청의 교육감의 의견을 의무적으로 참고하도록 했습니다. 특히 교육 현장의 특수성을 고려해 교육감 등이 의견을 제출하면 도지사나 시장, 군수, 구청장이 아동학대 사례를 판단해 참고하게 한 점도 달라진 부분입니다.

아동학대법이 개정된 것은 몹시 반가운 소식입니다. 하지만 과연 어디까지가 정당한 교육 활동이고 생활지도인가 하는 문제는 법률적인 다툼의 소지가 남아 있습니다. 그렇기 때문에 무엇보다 초기에 잘 대응해야 하고, 이 부분에 대해 충분한 소명을 할 수 있어야 합니다.

교원을 위한 지원사업을 세세하게 알아두세요.

아동을 보호해야 하는 건 비단 부모뿐이 아닙니다. 교사는 부모와 마찬가지로 아동을 보호해야 하는 보호자이자, 예방해야 하는 당사자입니다. 교사들이 해마다 아동학대 예방교육을 받는 것도 그래서지요. 아동학대처벌법에 따르면 아동에게 학대 행위를 했을 경우, 그 형에서 정한 바의 2분의 1까지 가중처벌 받게 돼 있습니다. 이는 초등교사가 낸 헌법소원에서 이미 합헌으로 판단했습니다.[11]

아동학대로 신고한 학부모를 무고죄로 처벌한다면 얘기가 또 달라지겠지만, 사실상 무고죄를 처벌하는 건 간단한 문제가 아닙니다. 무고죄는 객관적 사실에 반한다는 것을 명백히 알면서도 허위로 신고한 경우를 말합니다. 무고죄일 경우, 징역 10년 이하, 최대 1,500만 원까지 벌금에 처할 수 있으나, 사실에 기초해서 부풀리거나 과장해서 말한 것 정도로는 무고죄라는 걸 입증하기가 어렵습니다.[12]

교육부에서는 최근 1395 직통번호를 개통해서 교권 침해를 직접 상담하겠다고 했습니다. 교육 활동 침해 사안 신고, 교사의 심리상담, 법률적 지원 등 교원을 보호하는 사업을 하겠다는 것이지요. 또한 지역에서도 시도교육청마다 교원의 법률적 분쟁을 지원하기 위한 지원사업을 하고 있습니다.

교사 혼자서 모든 걸 짊어지지 않도록 이런 세세한 부분까지 알아두셔야 합니다. 최근 공문으로 교육 활동 보호와 관련한 안내가 계속되고 있습니다. 이런 공문은 그냥 허투루 넘기지 마시고, 꼭 꼼꼼히 읽어보셨으면 좋겠습니다.

유리멘탈 교사를 위한
다섯 가지 조언

다른 선생님들하고 이야기하면서 다들 생각보다 멘탈이 강하다고 느꼈습니다. 저만 자잘한 일에도 상처를 받는 것 같아서 마음이 안 좋았어요. 저는 왜 다른 사람의 말이나 행동에 쉽게 무뎌지지 않는 걸까요?

지금이야 많이 달라졌지만, 예전의 저는 유리멘탈이라는 말을 자주 들을 정도로 상처를 잘 받았습니다. 남이 무심코 던진 말 한마디에도 잠을 못 잤습니다. 저도 같은 말을 똑같이 다른 선배 선생님에게 털어놓았던 적이 있습니다. "저는 왜 상처를 잘 받을까요? 저에게 문제가 있는 걸까요?" 하고요.

그때 저를 아끼는 선배 선생님이 해준 말입니다.

"성효야, 그런 너니까 아이들을 좋아하지. 선생에게 그보다 더 좋은 자질이 어디 있니. 난 네가 부럽다."

그 말을 듣고 오래 생각했습니다. 똑같은 일을 보고도 누군가는 전혀 다르게 말할 수 있다는 것이 신기했습니다. 나에겐 단점인 것도 누군가에겐 장점으로 보일 수도 있습니다. 바꿔 말하면 굳이 나를 못나게 여기고 미워할 필요가 없는 겁니다.

어떤 상황에서도 선생님의 마음을 잘 돌보려면 두 가지 마음가짐이 필요합니다. 유리멘탈을 극복하는 과정에서 깨달은 것인 만큼 두고두고 기억해주셨으면 합니다.

첫째, 있는 그대로의 자신을 바라보세요.

저는 제가 상처를 잘 받는 사람이란 걸 잘 압니다. 전에는 그조차도 인정을 못했습니다. 전에는 "나 그런 사람 아니야. 나 당당한 사람이야"라고 했지만, 지금은 "그래, 떨리지, 그 마음 알아" 하고 저 자신에게 말해줍니다. 자신이 상처받았다는 사실, 그런 사람이라는 사실을 있는 그대로 따뜻하게 바라봐주는 게 가장 중요합니다. 괜찮은 척은 결코 괜찮은 게 아니랍니다.

둘째, 눈물 많은 유리멘탈에게도 장점이 있다는 걸 꼭 기억하세요.

지금의 저는 눈물이 많은 저를 좋아합니다. 전에는 울면 쓸데없이 눈물만 많아가지고, 하면서 저를 탓했습니다. 지금은 '내가 눈물이 많은 사람이니까 다른 선생님들의 사연에도 함께 울어줄 수 있구나' 하고 생각합니다.

셋째, 그 또한 지나갑니다.

마음이 아플 때는 그 일만 보입니다. 그 사람만 보이고, 세상

이 금방 무너질 것같이 아픕니다. 하지만 아실 겁니다. 남들은 내가 밥을 굶든 마음이 아프든 상관없습니다. 밥도 잘 먹고, 깔깔거리고 웃습니다. 세상은 나와 상관없이 너무나 잘만 굴러가는 것 잊지 마세요. 오래 아프면 나만 손해입니다. 어차피 지나갈 일이니, 지나가도록 내버려두세요.

넷째, 똑같은 일을 겪는 다른 사람에게 뭐라고 말해줄 건지 생각해보세요.

똑같은 일을 겪는 다른 사람이 있다고 가정해보세요. 그 사람이 이 일로 너무 힘들어서 "다 때려치우고 싶어요"라고 말하면 뭐라고 말해줄 건지 생각해보세요. "그렇게 힘들면 빨리 관둬야지"라고 말하진 않겠죠. 대신 그 사람이 살아갈 힘을 낼 말들을 따뜻하게 해줄 겁니다. 바로 그 말을 나에게 해주세요. 곤경에 빠진 남을 위로해주듯, 나에게도 위로의 말을 건네주세요.

끝으로 더도 말고, 덜도 말고 딱 오늘을 사세요.

오늘을 열심히 살고, 내일은 걱정하지 않는 겁니다. 그렇게 매일 하루를 열심히 살다 보면 어느새 누구보다 단단한 다이아몬드 멘탈이 돼 있을 겁니다. 결국 우리는 하루를 수없이 반복하는 삶을 살아가니까요.

억울한 일을 방지하는 최소한의 장치

학부모가 아이의 말만 듣고 화가 나서 전화를 했습니다. 실제로는 친구들과 싸운 일로 똑같이 야단하고 지도했는데도, 자기만 혼났다는 식으로 아이가 이야기했더라고요. 교실에 CCTV가 있지 않은 이상 가정에 어떤 일이 있었는지 객관적으로 말하기가 어렵다는 생각이 들어요. 이럴 땐 어떻게 해야 할까요?

아마 이 글을 읽는 여러분도 이런 경험을 해본 적이 있으시겠지요? 억울하고 답답하지만, 이런 일은 생각보다 자주 일어납니다. 학부모는 아이의 말을 듣고, 아이의 눈으로 상황을 바라보고, 아이의 입장을 이야기하기 때문입니다.

예를 들어볼까요?

사실 : (수학 시간에 1모둠에게 교사가 떠들지 말라고 주의를 주었음)

아이 : 엄마, 나 오늘 기분 안 좋았어. 오늘 수학 시간에 우리

모둠 애들 다 떠들었는데, 선생님이 나한테만 화를 냈어.

엄마 : 다 떠들었다면서 선생님이 왜 너한테만 화를 내?

아이 : 모르지. 내가 싫은가 봐. 나도 선생님 싫어. 맨날 나한 테만 뭐라고 해.

다소 극단적으로 말했지만, 어떤 상황인지 충분히 짐작하실 겁니다. 아이가 이렇게 말하는 이유는 몇 가지가 있습니다.

첫째, 나이가 어릴수록 상황을 머리에 다시 떠올려 재생할 수 있는 정도의 논리적 사고력이 갖추어지지 않았습니다. 낮의 일을 저녁에 다시 설명하려면 되감기 버튼을 누른 것처럼 어떤 일이 있었고, 나는 어떤 행동을 했다는 걸 정확하게 기억할 수 있어야 합니다. 어떤 아이에게는 매우 어렵고 복잡한 일이겠지요.

둘째, 기억은 왜곡되기 쉽습니다. 기억은 감정에 따라 왜곡되기 쉽고, 아이의 기억은 더더욱 변질되기 쉽습니다. 어떤 일이 벌어진 순간에 느꼈던 강렬한 감정 때문에 그 밖의 다른 일은 기억이 희미해지기도 합니다. 선생님에게 야단맞았다면 딱 그 부분만 남고 나머지 기억은 희미해질 수도 있습니다.

셋째, 사건의 전후 관계를 설명할 수 있을 만큼 인지적 자각 능력이 발달하지 못했을 수도 있습니다. 어떤 일이 벌어진 원인이 무엇이고, 결과는 무엇인지 설명하기 어렵다는 뜻입니다. 이 때문에 재판에서도 아이의 말이 증언으로 신빙성을 갖는가 못 갖는가 하는 것이 늘 쟁점이지요.

넷째, 부모가 엄격하고 무서운 경우입니다. 부모에게 자주 야단을 맞아서 정서적으로 위축된 아이는 학교에서 벌어진 일이 또 다른 엄한 훈계의 시작이 될 수 있다는 걸 잘 압니다. 이때 잘못을 교사의 탓으로 돌리면 당장은 부모가 주는 심리적 위협에서 벗어날 수 있습니다.

이런 이유로 아이들은 자신에게 유리한 내용만 말하거나 과장되게 지어내어 이야기합니다. 다 큰 성인도 불리한 상황에선 자기에게 유리한 대로 말하는데, 아이는 오죽할까요. 아이가 자신에게 이로운 쪽으로 말하거나 사건을 해석하는 건 어쩌면 당연한 일일 겁니다.

저는 이런 경우를 대비해서 약간이라도 불편한 상황이나 사안에서는 주변 학생들의 진술을 받아놓곤 했습니다. 교사의 억울함을 풀어줄 별다른 장치가 없는 초등학교 교실의 특성 상 교사를 위한 최소한의 장치는 해두어야 한다고 생각했기 때문입니다.

예를 들면 이런 식입니다.

교사 : 선생님이 방금 지아한테 뭐라고 말했는지 너희들도 들었니?

학생 : 지아가 수업 시간에 떠들면 안 된다고 했어요.

교사 : 선생님이 왜 그런 말을 했는지도 이야기했는데, 누가 설명해볼래?

학생 : 수업할 때는 선생님 말씀을 귀 기울여 들어야 한다고 했어요. (학생의 입을 통해 교사가 한 말을 되짚어서 진술하기)

교사 : 그리고 선생님이 또 무슨 말을 했지?

학생 : 지아가 수업 태도가 학기 초에 비해서 점점 좋아지고 있으니까, 앞으로는 더 잘할 거라고 기대한다고 했어요. (학생의 입을 통해 교사가 한 긍정적인 말 되짚어서 진술하기)

교사 : 그래. 선생님은 지아만 그런 게 아니라, 우리 반 다른 친구들도 모두 귀 기울여 선생님 말씀을 잘 들어주면 좋겠어. 지아야, 선생님이 방금 뭐라고 말했는지 네가 한번 얘기해볼래? (해당 학생의 입으로 재진술하기)

이렇게 여러 번 되짚어서 말해보게 하면 주변인의 진술이 저절로 확보됩니다. 교사가 했던 말의 긍정적인 부분, 지도하고자 했던 부분, 어떤 일이 벌어졌는지 등이 친구들의 입을 통해서 모두 다시 진술됩니다.

이때 해당 아이가 기분 나쁘거나 마음이 다치지 않도록 조심해서 이야기하는 게 매우 중요합니다. 마치 교사와 나머지 학생들이 이 학생이 잘못한 걸 들춰내서 마녀사냥처럼 몰아가는 식이 되어서는 안 됩니다. 억지로 지어낼 것이 아니라, 학기 초에 비해서 달라진 모습, 긍정적으로 발전하는 모습 등을 언급하면 됩니다. 교사가 아이의 잘못한 행동, 잘한 행동을 모두 말하는 것만으로도 교육적인 지도는 이미 시작된 것이기 때문입니다.

소모적인 다툼에서 멀어지는
소통의 기술

기본적으로 학교를 신뢰하지 않는 학부모라는 느낌이 드는 분이 가끔 있습니다. 이런 분들과 이야기할 때면 굉장히 조심스럽고 주눅이 드는 느낌마저 듭니다. 학교를 신뢰하지 않는 학부모하고는 어떤 식으로 이야기하는 것이 좋을까요?

많은 사례에서 살펴보았듯이 학부모와 소통이 어려운 가장 결정적인 이유라면 서로 신뢰하지 않기 때문입니다. 이 책을 읽는 선생님께서는 학부모를 믿나요? 아마 그렇다고 쉽게 고개를 끄덕이는 분보다 그렇지 않은 분이 훨씬 많을 겁니다. 같은 질문을 학부모에게 묻는다면 학부모도 비슷하지 않을까요?

2024년 1월에 결과가 발표된, 학부모와 교사의 신뢰에 대한 설문 조사가 하나 있습니다. 경남미래교육연구소에서 초·중·고 학부모 9,984명(초등학교 45.5%, 중학교 32.0%, 고등학교 18.5%)과 교사 2,802명(초등학교 46.8%, 중학교 32.7%, 고등학교 20.5%)에게 설문한 내용입니다.

학부모는 교사를 신뢰하는 가장 큰 이유로 자녀와 대화할 때 느껴지는 교사에 대한 만족도(37.9%)를 꼽았습니다. 다음으로는 자녀에게 관심을 가지는 교사의 모습(32.3%)을 꼽았습니다. 반대로 교사를 신뢰하지 않는 이유로는 자녀에게 무관심한 태도(36.4%)와 학폭 등 자녀 관련 문제 발생 시 교사의 대처(21.2%)라고 응답했습니다.

학부모가 교사를 신뢰하는 데에는 자녀가 평소 보여주는 교사에 대한 만족도, 교사가 자녀에게 갖는 관심 등이 중요 키워드라는 걸 알 수 있는 결과입니다. 쉽게 말해 학부모는 자녀가 교사에게 만족할 때, 자녀에게 교사가 관심이 있다는 게 느껴질 때 교사를 신뢰한다는 뜻입니다.

교사는 같은 조사에서 어떻게 응답했을까요? 교사는 학부모를 신뢰하는 이유로 자녀에 대한 관심과 사랑(38.5%), 교사의 의견을 존중하는 태도(24.2%)를 꼽았습니다. 반대로 학부모를 신뢰하지 않는 이유로는 자녀 중심의 이기적인 태도(45.0%), 자녀의 문제 행동 발생 시 객관적으로 수용하지 않는 모습(27.3%)이라고 응답했고요. 교사가 어떤 마음일 때 학부모를 신뢰하는지 확연히 느껴지지요.

이 조사에서 흥미로운 것은 학부모가 이메일, 전화, 대면 상담 등 담임교사와 직접적인 소통이 많을수록 교사에 대한 신뢰도가 높게 나타났다는 것입니다. 사실 일반적인 인간관계에서 잘 모르는 사람을 좋게 평가하기란 매우 어렵습니다. 교사와 학부모도 서로 조금씩 꾸준히 노력하지 않으면 신뢰 관계는 만들어지지 않습니다.

저는 강의나 책에서 항상 교사가 먼저 문을 열어주길 조언해 왔습니다. 이렇게 말하면 언짢아하면서 왜 항상 교사가 먼저 노력해야 하냐고 하시는 선생님도 더러 있지만, 학생의 학교생활은 학부모보다 교사가 훨씬 잘 압니다. 교사와 학부모가 학생에 대해 이야기할 때 집에서의 생활을 이야기하지는 않습니다. 모두 학교생활에서 비롯되는 문제이죠.

초중등교육법 제20조에서는 교사가 하는 일을 법령이 정하는 바에 따라 학생을 교육한다고 말하고 있습니다. 학생을 교육한다는 것의 핵심은 크게 생활지도, 수업, 상담입니다. 이 세 영역에 대해서는 교사가 학생의 법적 보호자에게 생활지도를 어떤 방식으로 하고 있는지, 수업은 어떻게 하고 있는지, 아이와 어떻게 상담했는지 등을 이야기해주어야 하는 것입니다.

무엇보다 제가 직접 겪어보니, 학부모와 싸우는 일은 너무나 소모적인 일이었습니다. 저는 긴 시간 학부모와 학생 문제를 놓고 다투는 것보다는 현실적으로 교사 자신이 하려고 하는 또는 해오고 있는 수업과 생활지도 등에 대해 자주 설명하는 게 최선이라고 생각합니다.

지난 십수 년 동안 만나온 교사들의 다양한 사례도 시작은 아무것도 아니었습니다. 사소하고 별것 아닌 서운함이지만, 쌓이고 쌓이면 엄청난 사건이 되곤 했습니다. 불편함을 쌓아 올릴 게 아니라 지극히 현실적으로 계산해서 교사 자신에게 유리한 쪽으로 판단하는 게 좋지 않을까요?

그러기 위해서 저는 가벼운 기록을 추천합니다. 평소에 아이들의 특정 행동에 대해서는 가볍게 기록해두는 겁니다. 아이의 긍정적인 면과 부정적인 면을 보여주는 행동들입니다.

| 긍정적인 행동의 예 |

· 친구를 도와준다.
· 친구에게 먼저 인사한다.
· 친구들과 모둠 활동을 할 때 주도적으로 참여한다.
· 교사를 도와준다.
· 교사에게 먼저 인사한다.
· 친절을 베푼다.
· 양보한다.
· 배려한다.

| 부정적인 행동의 예 |

· 친구와 싸운다. (말다툼, 옆 반 친구와 다툼 등)

- 수업 시간에 참여하지 않는다.
- 사소한 일로 토라진다.
- 공격적으로 행동한다. (분노, 욕하기, 폭력적으로 행동하기 등)
- 수업 준비가 불성실하다. (준비물 없음 등)
- 과제를 안 한다.
- 지각한다.
- 무기력해 보인다.
- 쉽게 포기한다.

이런 행동이 눈에 띌 때마다 가볍게 기록해둡니다. 이것도 거창하게 A4 가득 채우는 식의 관찰보다는 가볍게 그때그때 눈에 띌 때마다 기록합니다. 자세하고 긴 기록은 현실적으로 지속되기가 어렵지만, 짧은 기록은 해볼 만합니다. 학교 일이 바빠지거나 수업 준비를 하는 등 교사가 분주해지면 관찰 기록을 계속하기가 어렵습니다. 말 그대로 눈에 띌 때마다 가볍게 기록해두세요.

저는 두꺼운 스프링노트를 사서 학생들 이름을 인덱스로 구분한 다음 아이들의 특정 행동이 있으면 짤막하게 기록하곤 했습니다. 이게 번거롭다면 나이스 행동 발달상황에 임시로 저장해두는 식도 괜찮습니다. 이때도 자료가 날아가지 않도록 워드프로그램 등에 따로 저장해두었다가 학년 말에 한꺼번에 삭제

해도 됩니다.

학교를 신뢰하지 않거나 신뢰하기 어려운 일을 여러 번 겪은 학부모와 이야기할 때는 특별히 더 신중하게 준비하는 게 좋습니다. 준비가 되어 있지 않은 상태에서 이야기하지 말고, 어느 정도 준비가 되고 이야기할 거리가 갖추어진 다음에 차분하게 대응하는 게 좋습니다. 직접 겪어보면 아시겠지만 학생의 행동에 대한 아무 기록도 없는 상태에서 이야기하는 것은 섶을 지고 불에 뛰어드는 것과 같습니다.

배운 것이 있다면
어떤 일도 실패는 아닙니다

화가 난 학부모와 긴 대화를 한 다음 맥이 풀려서 한참을 교실에서 혼자 울었습니다. 제가 너무 떨고 긴장한 나머지 "네, 네" 이런 말만 했더라고요. 선생님, 이런 저도 당당하게 말하는 날이 올까요?

네, 당연히 옵니다. 지난 십수 년 동안 국내외 교사들을 상담하면서 느꼈던 걸 몇 가지로 요약하면 이런 것이었습니다.

· 학부모라면 교사를 존경하는 마음을 가져야 해.
· 교사를 전적으로 신뢰해야 해.
· 교사는 전문가야, 전문가의 의견이 맞지.
· 나는 교사로서 신뢰받고, 존중받고, 전문가로서 인정받을 거야.

맞습니다. 학부모라면 교사를 존중하는 마음을 가져야 합니다. 교사는 교육전문가로서 학생들을 가르치는 사람입니다. 학부모는 교사의 의견을 주의 깊게 경청하고 따라야 합니다. 이게 교사가 기대하는 교사의 모습입니다.

현실은 어떻던가요? 까칠한 학부모도 많고, 별일 아닌데 트집 잡듯이 말하는 분도 있습니다. 심지어 아이가 아파도 교사 탓, 아이가 다쳐도 교사 탓, 아이가 공부를 못 해도 교사 탓이라고 말하는 분도 있습니다. 교사의 기대와 현실은 한참이나 떨어져 있습니다.

생각의 이면에는 그런 생각을 만들어낸 베이스 생각이 있습니다. 표면으로 잘 드러나지 않기 때문에 의식 너머의 의식, 또는 우리가 알아차리지 못하는 의식이라고 해야겠지요. 베이스 생각은 우리가 생각하는 것보다 훨씬 중요합니다. 우리가 하는 일상의 모든 행동과 생각, 말이 모두 베이스 생각에서 오기 때문입니다.

그렇다면 교사의 생각에 깔린 베이스 생각은 무엇일까요?

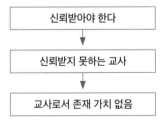

교사로서 가진 베이스 생각이 흔들리면 그동안 가져왔던 교사라는 정체성이 흔들립니다. 좋은 선생이라면 신뢰받고 존경받아야 한다, 그런데 나는 그렇지 않은 것 같다, 나는 좋은 선생이 아니다, 나는 선생으로 자격이 없다, 이런 식으로 생각이 흘러가게 됩니다.

이 생각의 흐름을 곰곰이 따져보면 누가 직접 대놓고 말한 것도 아니지만, 스스로 생각할 때 그런 생각이 든다는 걸 알 수 있습니다. 스스로 자기 자신에 대해 매기는 정체성이 현실의 기분이나 태도로 드러난다는 뜻입니다.

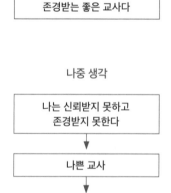

베이스 생각은 삶의 기본이 되는 생각인 만큼 한 번 흔들리면 내면에 상처가 꽤 크게 남습니다. 오랫동안 품어온 가치관을 뒤흔드는 사건이니까요. 저도 학부모 문제로 마음고생을 오래 해봤기 때문에 잘 압니다.

제가 읽었던 어떤 책에 이런 구절이 나옵니다.

"곰곰이 생각해보아라. 좋은 날만 있던 시기에 당신은 성장하지 않았을 것이다. 당신이 인생에서 진정으로 성장했던 때는 힘들고 고통스러웠던 때였다."

이 구절을 읽으면서 무릎을 쳤습니다. 곰곰이 생각해보니, 정말 그랬습니다. 스스로 성장했다는 걸 알아차렸던 때는 힘들고 고통스러운 일을 겪은 다음이었지, 햇살만 밝게 비추던 날은 확실히 아니었습니다.

지금의 제가 선생님들의 고민을 상담하고 조언을 해줄 수 있는 것도 그런 날이 있었기 때문입니다. 아무런 고통도 없고, 실패도 없고, 좌절도 없었다면 제가 선생님들의 고민을 이해할까요? 못 할 겁니다. 겪어본 적이 없는데, 어떻게 이해할까요.

자전거를 처음 배울 때 숱하게 넘어질 것을 예상하면서도 안장에 올랐을 겁니다. 넘어지는 것에 무서움을 느꼈다면 자전거엔 애초에 오르지도 못했겠지요. 자전거 타다가 넘어지는 게 괜찮은 일이라면, 마음이 넘어지는 것도 괜찮은 일 아닐까요. 교실에서 매일 좋은 일만 있고, 학부모에게 매일 좋은 말만 들으면 좋겠지만, 세상 어떤 선생도 그렇게 살지는 못합니다.

어떤 일을 겪었어도 상관없습니다. 그 일에서 하나라도 배운 게 있다면 결코 실패한 게 아닙니다. 그 자체로 소중한 경험이지요. 베이스 생각이 흔들리고 뒤틀리는 경험을 했나요? 그 역시 괜찮습니다. 베이스 생각은 말 그대로 베이스이기에 걷어내고 새로 깔면 됩니다. '나는 힘든 것도 잘 이겨내는 역경 지수가 높은 선생이야'라고 말입니다. 그렇게 자신에게 먼저 인정받는 사람이 되면 되는 겁니다.

중요한 건 밑바닥 생각을 바꾸고 나면 달라진 마음이 밖으로 드러나기 시작한다는 겁니다. 은연중에 선생님이 가진 단단한 마음이 말과 행동, 눈빛으로 나타납니다. 그렇게 변한 뒤엔 내가 단단한 사람이라는 걸 상대방도 무심결에 느끼게 됩니다. 그러면 더는 누군가 쉽게 휘두르지 못하게 됩니다. 지금의 제가 그런 것처럼 말입니다.

저는 한두 번 정도는 봐주다가도 선을 넘는다 싶으면 상대의 눈을 똑바로 쳐다봅니다. 그리고 차분하게 이렇게 말합니다.

"근데 왜 저한테 함부로 하세요? 제가 존중해서 다 들어드렸듯이, 저를 존중해주세요"라고 말입니다. 친절하고 부드럽다고 해서 선을 넘어도 되는 건 아닙니다. 상대가 친절하다고 해서 호구처럼 대해도 되는 건 더더욱 아니고요. 선이 이만큼이라고 분명하게 그어주고, 딱 그만큼만 친절하면 되는 겁니다.

강의를 자주 하다 보니, 정말 다양한 사람들을 만납니다. 가끔 따지듯이 말하는 분도 봅니다. 질문이 아니라 꼬투리를 잡듯이 말하는데, 선을 넘는 경우는 이렇게 대답합니다.

"선생님, 저한테 화내시는 것처럼 들리네요. 불편한데요."

굳이 돌려서 말하지도 않습니다. 상대는 이미 많은 사람 앞에서 공개적으로 선을 넘었기 때문입니다. 그렇다고 집에 오는 길 내내 곱씹으면서 불편해하지도 않습니다. 어차피 내 인생에 중요한 사람이 아니고, 그 사람이 먼저 선을 넘고 무례하게 굴었다는 걸 그 자리에 있던 사람이라면 누구든 아니까요.

이렇듯 경계가 명확해지면 관계도 편해집니다. 선생님도 어떤 일에서든 귀한 경험했다고 마음 단단히 먹고 앞을 바라보세요. 뚜벅뚜벅 걷는 겁니다. 비 오고 바람 불면 천천히 걷고, 맑은 날은 빨리도 걷고 하면서 말입니다.

현실에서 이걸 실천하려면 어떻게 해야 하는지 가끔 묻는 선생님이 있습니다. 가장 좋은 방법은 메타인지를 활용하는 겁니다. 메타인지라고 하면 보통은 학습에만 쓰는 줄 알지만, 사실은 그렇지 않습니다. 메타인지를 활용해야 생각의 굴레에서도 벗어날 수 있고, 자신의 밑바닥 생각이 무엇인지도 깨우칠 수 있습니다.

늘 하던 생각의 굴레에서 과감하게 벗어나야만 삶이 달라집니다. 저는 이 과정에서 글쓰기를 해볼 것을 적극 추천합니다.

글을 잘 쓰고 못 쓰고는 아무 상관이 없습니다. 꾸준히 글을 쓰면서 자신을 돌아보면 스스로 어떤 생각을 곱씹는지 깨달을 수 있습니다.

나의 베이스 생각 알아보기

1. 교사로서 내가 갖고 있는 베이스 생각은 무엇인가요?

교사는 _____ 이다.

왜냐하면 _____

_____ 때문이다.

교사에게 학부모란 _____ 이다.

왜냐하면 _____

_____ 때문이다.

2. 교사가 된 다음 가장 마음 아프고 힘들었던 일은 무엇인가요?

_____

_____

_____

_____

_____

3. 그 일을 겪었을 때, 교사로서 내가 했던 처신은 적절했다고 생각하나요? 왜 그렇게 생각하나요?

_____

_____

_____

_____

_____

_____

4. 교사로서 내가 했던 처신이 적절하지 않았다고 생각하나요? 왜 그렇게 생각하나요?

_____

_____

_____

_____

_____

_____

5. 그 일에서 내가 배운 것은 무엇인가요?

_____

_____

_____

_____

_____

6. 그 일을 겪고 있는 과거의 나에게 들려주고 싶은 말은 무엇인가요?

_____

_____

_____

_____

_____

이 모든 방법이
통하지 않을 때를 위한 방패

그러고도 남은 이야기가 하나 더 있습니다.

"선생님, 그분은 정말 공감 능력이 제로입니다. 제로요. 너무 마음이 아파요."

제가 선생님들과 상담할 때 가끔 듣는 하소연입니다. 여기서 말하는 그분은 때로는 관리자이고, 때로는 옆 반 교사이고, 또 때로는 학부모이기도 합니다. 가끔 귀를 의심할 정도로 심한 경우도 있습니다.

가혹할 정도로 함부로 말하고, 누가 봐도 심하게 상대를 몰아세우는 사람을 보신 적이 있나요? 저는 있습니다. 가까이 가고 싶지도 않거니와 옆에 있는 것만으로도 소름이 돋는 사람, 그런 사람이 실제로 있답니다. 그들은 왜 그러는 걸까요?

공감 능력이 제로라는 표현 속에 저는 답이 있다고 생각합니다. 말 그대로 정상 범주 바깥에 있는 사람인 것이지요. 인간은 누구나 아주 어릴 때부터 미러 뉴런을 이용해서 상대의 얼굴을 보고 따라 하고, 감정을 읽고 반응하는 능력을 키워나갑니다. 이건 인간의 사회화에선 가장 기본이 되는 능력입니다. 이들은 바로 그 능력이 없는 사람입니다. 그들은 공감을 안 하는 게 아닙니다. 못 합니다. 하고 싶어도 안 됩니다.

어떻게 그럴 수가, 라고 생각하겠지만, 세상엔 그런 사람도 있는 겁니다. 그런 이들을 우리는 흔히 소시오패스라고 합니다. 소시오패스는 무책임하며, 충동적이고, 반복적으로 거짓말을 하면서도 죄책감을 느끼지 못합니다. 죄책감을 못 느낀다는 것은 양심이 없다는 뜻이기 때문에 연민도 감사도 미안함도 없습니다. 다시 말하지만, 이들은 정상 범주 바깥에 있는 사람입니다. 평범한 사람의 기준으로 생각하시면 안 됩니다.

소시오패스는 우리가 생각하는 것보다 훨씬 많습니다. 학자들은 전체 인구의 약 4%에 해당한다고 말합니다. 우리나라 전체 인구로 따지면 무려 200만 명에 해당합니다. 어마어마하지요. 커다란 대도시 하나 인구가 소시오패스인 셈이니까요. 반대로 이를 좁혀서 생각해보세요. 우리 학교에도 소시오패스가 얼마든지 있을 수 있고, 어쩌면 내가 가르치는 학생일 수도 있습니다. 심지어 평생을 부대끼며 살아온 가족일 수도 있고요.

이들은 안전에 위협이 없는 평소에는 소시오패스인 것이 드러나지 않고, 평범해 보일 수 있습니다. 하지만 이들이 눈 하나 깜짝 않고 돌변하는 때가 있습니다. 자신의 안전이나 이익에 위협이 되는 일이 생길 때입니다. 그럴 땐 놀라울 정도로 이기적인 것은 물론이고, 곁에 있는 사람이 누구든 소름 끼칠 정도로 무섭고, 잔인해질 수 있습니다. 이건 단순하게 이기적인 사람과는 다릅니다. 아무리 이기적인 사람이어도 나름의 미안함이나 죄책감은 있습니다.

그렇다면 이들은 자신이 그런 사람인 줄 알까요? 모릅니다. 이들의 놀라운 특징 중 하나는 자기성찰이나 반성 같은 마음을 품지 못한다는 겁니다. 보통 사람이라면 스스로 뉘우치고 다른 사람에게 피해를 준 것에 죄책감을 느낍니다. 하지만 소시오패스는 그렇지 않습니다. 죄책감도 없고, 미안함도 없고, 연민 같은 건 더더욱 없습니다.

정말로 만의 하나, 학교 관리자가 그런 경우라면 아마도 많은 교사가 상처를 받을 겁니다. 학부모로 만난다면 평소엔 괜찮겠지만, 만약 자녀와 관련한 문제가 조금이라도 생기면 난리가 날 겁니다. 안전에 위협이 되는 상황이 생겼으니까요. 아무리 그래도 그렇지, 그렇게 하면 인간적으로 미안하지 않을까, 같은 건 평범한 이들에게나 해당하는 말이라는 걸 기억하셔야 합니다. 이들이 상대에게 얼마든지 잔인해질 수 있다는 것을 꼭 기억해야 합니다.

소시오패스를 대응하는 방법에서 가장 중요한 건 이들에게 인간적인 연민을 바라면 안 된다는 겁니다. 이들은 인격적 모독이나 반복적인 상처 주기가 일상입니다. 그러고도 하나도 안 미안해합니다. 그런 이들에게 공감, 연민, 반성, 사과 같은 건 기대하지 마세요.

이들에게 가장 적절한 대응은 마음을 움직이는 게 아닙니다. 법률과 제도를 이용하는 것입니다. 상대가 상사라면 마냥 참고 견딜 게 아니라 갑질로 신고하는 게 맞고, 학부모라면 교육 활동 보호에 관한 법률대로 대응하는 게 맞습니다. 하다못해 법률과 제도대로 대응하겠다고 의사를 명확하게 밝히는 것만으로도 태도가 달라지는 걸 보실 수 있을 겁니다. 그러니 여러분을 지키고 보호할 수 있는 법률과 제도를 충분히 이용하세요. 영리하게 공부하고 많이 알아둬서 여러분을 지키세요.

결국 상대가 누구든, 어떤 상황에서든 우리가 마음에 품어야할 것은 이런 것입니다. 어느 순간에도 내가 나를 사랑해주고, 내가 먼저 나를 위로해주자는 것, 교사인 만큼 언제나 최선을 다해 아이에게 이로운 방향으로 노력하되, 법률과 제도의 힘을 빌려야 할 때는 과감하고 영리하게 행동해야 한다는 것 말입니다.

문제를 가장 쉽게 해결해주는 무기

"교감 선생님, 지금 어디세요?"

다른 교사들과 이야기하느라 잠깐 교무실을 비운 새 휴대전화로 전화가 걸려왔습니다. 3학년 담임교사 목소리였습니다. 전화기 너머로 들려오는 선생님 목소리가 왠지 다급하게 느껴졌습니다. 시계를 들여다보았습니다. 시곗바늘이 오전 10시를 가리키고 있었습니다. 학교에서 이 시간에 교감을 이렇게 급하게 찾을 일이란 많지 않습니다.

"어, 저 지금 다른 교실에 있는데요. 무슨 일이에요?"

"저희 반 아이가 성폭력을 당했습니다."

"네에? 뭐라고요?"

"저희 반 아이가 성폭력을 당해서 보건 선생님과 이야기 나누고 교무실로 왔는데, 교감 선생님이 안 계셔서 전화드렸습니다."

깜짝 놀라서 헐레벌떡 교무실로 달려갔습니다. 보건교사와 해당 교사가 앉아 있었습니다.

"아니, 어떻게 된 거예요? 설명을 좀 해보세요. 이 시간에 무슨 성폭력이에요?"

"아, 그게 어떻게 된 거냐면요."

알고 보니, 학교 앞 문구점 사장님이 체구 좋은 여자분이신데, 3학년 여자아이의 가슴을 손으로 찌르는 시늉을 했다는 겁니다. 그것도 넉 달쯤 전에 말입니다. 마침 보건교사가 성폭력 예방교육을 했는데, 수업이 끝난 다음 아이가 담임교사에게 말하더랍니다.

"선생님, 전에 문방구 사장님이 이렇게 제 가슴을 건드린 거 같은데요."

참고로 그때 함께 있던 친구가 있었는데, 그 아이는 모르는 일이라고 했다고 합니다.

"선생님, 그러니까 아직 사실인지 아닌지 확실하지 않은 거지요? 건드린 건지 아닌 건지도 잘 모르는 거고요?"

"네. 그 자리에 있던 친구도 있는데, 그 친구는 모르는 일이라고 하더라고요."

"선생님, 3학년 아이가 넉 달 이상 지난 일을 정확하게 기억하는 게 쉽진 않아요. 그 사장님은 저도 잘 아는 분입니다. 아침마다 아이들 등굣길도 봐주시고, 되게 친절한 분이에요. 어떻게 된 일인지 좀 알아봐야 할 거 같아요. 그리고 전화 받자마자 '성폭력을 당했습니다'라고 말하면 듣는 사람이 너무 놀라잖아요. 학부모에겐 그렇게 말하지 말고 차분하게 설명을 해야…."

"잠시만요."

이 선생님이 제 말을 갑자기 잘랐습니다. 선생님은 저에게 말하는 사이에 이미 학부모에게 전화를 건 상태였습니다.

신호음이 울리고 어머니가 전화를 받았습니다.

이 상황에서 여러분은 어떻게 말해야 한다고 생각하시나요? 머릿속에 짧게 떠올려보세요. 이 책을 다 읽은 지금이라면 적어도 어떤 식으로 말해야 할지 나름의 생각이 잡히셨을 거라고 믿습니다.

이 선생님은 이렇게 말했습니다.

> **교사**: 어머니, 지민이 담임입니다. 지민이가 성폭력을 당했습니다.

딱 두 문장이었습니다. "안녕하세요"도 없고, "갑자기 전화드려 놀라셨죠?"도 없고, 어떻게 된 일인지에 대한 설명도 없었습니다. 저는 순간 할 말을 잃었습니다. 그런데 학부모님의 대답에 저는 더 놀랐습니다.

학부모 : 선생님, 안녕하세요. 고생 많으시지요. 근데 그게 무슨 말인가요?

교사 : 어쩌고 저쩌고 해서 이런 일이 있었다고 하네요.

학부모 : 아아, 그래요. 근데 선생님, 저희 아이가 아직 어리잖아요. 벌써 넉 달 넘게 지난 일이니까 기억을 제대로 못 하는 걸 수도 있어요. 제가 저녁에 아이 만나서 이야기해볼게요. 정말로 그런 비슷한 일이라도 있었으면 아이가 분명히 말했을 거예요. 저는 별일 없었을 거라고 생각합니다. 내일 여유 있는 시간에 다시 말씀 나누시면 어떨까요?

아아, 너무나 차분한 대응이었습니다. 제가 늘 강조하는 매뉴얼 같은 말하기 방법이기도 했습니다. 정말 많은 생각이 스쳐 지나갔습니다.

교장 선생님에게는 곧장 사안을 보고했고, 학교에서는 혹시라도 모를 성폭력 신고 절차를 확인해두었습니다. 아이의 어머니는 다음 날 "아이가 착각한 것 같다"라는 연락을 주셨습니다. 문구점 사장님에겐 제가 직접 보건교사와 함께 찾아가서 해당 사안에 대해 이야기를 나눴습니다. 사장님은 자신이 왜 어린아이에게 그런 일을 하겠냐고 펄쩍 뛰더군요.

이 선생님과 근처 카페에서 차를 한 잔 마시면서 한 시간 넘게 긴 이야기를 나누었습니다. 말하기란 경력 10년 차 교사에게도,

20년 차 교사에게도 때로는 교감이나 교장에게도 연습이 필요합니다. 이 필요성을 느끼지 못한다면 이런 일은 누구에게나 일어날 수 있습니다. 저희는 이야기 끝에 다음에는 프로답게 말해 보자면서 웃었습니다.

교사들은 다양한 문제 상황을 1년 내내 마주합니다. 가끔은 이렇게 난데없는 일이 벌어지기도 하고, 예상 밖의 사고가 터지기도 합니다. 그때마다 가장 먼저 써먹을 수 있는 무기이자 도구는 역시 말하기입니다. 차분하고 의연하게 하고 싶은 말을 상처 주지 않으면서 할 수 있다면 우리는 한결 편안한 마음으로 상대를 대할 수 있을 겁니다. 상대가 누구든, 어떤 상황에서든지요.

이 책에 다룬 수많은 사례와 다양한 조언이 교사들이 학부모를 대할 때 도움이 되길 기도합니다. 주눅 들거나 위축되지 않고, 의연하고 당당하게 말입니다.

그동안 써 온 다른 책들도 그랬지만, 이 책은 쓰느라 참 힘들었습니다. 쓰다가 이상하게도 여러 번 아팠고, 오래전 일들이 생각나서 울기도 많이 울었습니다. 그럼에도 대한민국 교사들에게 이런 책 한 권은 있어야 한다는 소명 의식으로 썼습니다. 제가 오래전에 학부모에게 상처 입었을 때 이런 책이 한 권만 있었어도 그렇게 많이 힘들지는 않았을 겁니다. 그동안 고민 끝에 저를 찾아왔던 교사들에게 이런 책을 내밀면서 "이렇게 해보세요"라고 말할 수 있었다면 얼마나 좋았을까, 생각했습니다. 부디 이 책이 대한민국 교사들 곁에서 오래도록 읽히는 귀한 책이 되면 좋겠습니다.

늘 응원해주시고 사랑해주시는 독자님들, 사랑하고 깊이 감사합니다.

참고자료

1 〈울산지방법원, 떠드는 학생 야단쳤다가 아동학대로 법정에 선 초등교사 '무죄' 선고〉 한국강사신문, 2023.5.21.

2 학교의 학부모 민원대응체제 및 사례, 2023 해외교육동향 기사, 교육정책네트워크.

3 〈상반기 학생생활교육 및 위기 학생 지원을 위한 교사연수〉 전북교육청, 2024

4 〈일본 학교의 학부모 민원 현황과 대응 체제〉 교육정책네트워크 정보센터, 김지영(일본통신원) 2023.11.8.

5 〈'분노 호르몬' 20초면 사라진다… '참을 인' 세 번, 살인도 면하는 이유〉 조선일보, 2023.08.23.

6 〈FAQ, 학생 휴대폰이 분실 파손된 경우에도 보상이 가능한가요?〉 사단법인 참교육을 위한 전국 학부모회

7 《트라우마 있는 우리 아이 어떻게 훈육할까?》 민경이, 야스미디어

8 〈"초등 담임 고작 8시간 일하나…" 대기업맘, 되레 뭇매〉 매일경제, 2024.3.16.

9 〈아동학대처벌법은 어떻게 학교에서 괴물이 됐나〉 오마이뉴스, 2023.8.1.

10 〈'정당한 생활지도' 교사, 아동학대 처벌 못 해〉 KBS뉴스, 2023.12.8.

11 〈헌재 "보호아동학대한 초·중등 교사 가중처벌은 합헌"〉 한겨레신문, 2021.3.31.

12 〈아동학대 무고죄 도입 실효성 있을까〉 한국교육신문, 2023.9.5.

상처받지 않으면서
나를 지키는
교사의 말 기술

초판 1쇄 발행 2024년 6월 5일
초판 4쇄 발행 2024년 7월 31일

지은이 김성효
펴낸이 이경희

펴낸곳 빅피시
출판등록 2021년 4월 6일 제2021-000115호
주소 서울시 마포구 월드컵북로 402, KGIT 19층 1906호

• 인쇄·제작 및 유통상의 파본 도서는 구입하신 서점에서 바꿔드립니다.
• 이 책의 전부 또는 일부 내용을 재사용하려면 반드시 사전에
　저작권자와 빅피시의 서면 동의를 받아야 합니다.
• 빅피시는 여러분의 소중한 원고를 기다립니다. bigfish@thebigfish.kr